中国物流专家专著系列

支撑国内国际双循环的洲际
公铁联运物流运行体系

——理论模型设计与优化

卢　越◎著

中国财富出版社有限公司

图书在版编目（CIP）数据

支撑国内国际双循环的洲际公铁联运物流运行体系：理论模型设计与优化／卢越著. -- 北京：中国财富出版社有限公司, 2024.9. --（中国物流专家专著系列）. -- ISBN 978-7-5047-8223-6

Ⅰ. F506

中国国家版本馆 CIP 数据核字第 20241ZA464 号

策划编辑 谷秀莉	**责任编辑** 田 超 刘康格	**版权编辑** 李 洋
责任印制 梁 凡	**责任校对** 卓闪闪	**责任发行** 于 宁

出版发行 中国财富出版社有限公司

社 址 北京市丰台区南四环西路 188 号 5 区 20 楼 **邮政编码** 100070

电 话 010－52227588 转 2098（发行部） 010－52227588 转 321（总编室）

 010－52227566（24 小时读者服务） 010－52227588 转 305（质检部）

网 址 http：//www.cfpress.com.cn **排 版** 宝蕾元

经 销 新华书店 **印 刷** 北京九州迅驰传媒文化有限公司

书 号 ISBN 978－7－5047－8223－6/F·3720

开 本 710mm×1000mm 1/16 **版 次** 2024 年 10 月第 1 版

印 张 14.25 **印 次** 2024 年 10 月第 1 次印刷

字 数 153 千字 **定 价** 68.00 元

Introduction | 前　言

　　在构建以国内大循环为主体、国内国际双循环相互促进的新发展格局中，以中欧班列为代表的洲际公铁联运物流蓬勃发展，成为远洋运输的有效补充，其时效性优势显著，强化了亚欧大陆生产和消费网络间的联系。我国"通道+枢纽+网络"的现代物流运行体系不断健全，规模化、网络化水平加快提升，在干线物流、快递物流等领域形成了依托数字平台的智慧化物流运行组织方式。随着外部环境的深刻变化，国内国际双循环物流网络也需要实现设施层面与运作层面的融合，其内在机理就是网络化背景下运行调度系统的平台化组织。据此，本书以理论模型设计与优化为重点，研究支撑国内国际双循环的洲际公铁联运物流运行体系，从理论层面分析洲际公铁联运系统，对联运系统国内段、国内国际衔接段进行模型设计，并结合中欧班列实际案例进行不确定条件下的分析求解，为洲际公铁联运物流运行体系的建设与发展提供参考。

本书主要包括以下四方面内容。

（1）洲际公铁多式联运系统分析研究。首先，本部分对洲际公铁多式联运优化问题进行了提炼和学术界定；其次，本部分对洲际公铁多式联运组织模式进行了系统分析与研究，总结了战略、战术和运营层面的三类优化模型；最后，本部分对洲际公铁多式联运系统优化问题进行了等价分解，阐释了该问题模型的基础性和可拓展性等特点。

（2）洲际公铁多式联运的公路牵引车集货优化模型设计和求解研究。首先，本部分针对洲际公铁多式联运中开行城市腹地货源的公路集结问题，设计了洲际公铁多式联运的公路牵引车集货网络，建立了基本的路径优化模型，为后续数学模型的拓展和延伸提供了基础支撑；其次，本部分基于经典车辆路径优化问题，提出了洲际公铁多式联运的公路牵引车集货算例设计方法；最后，本部分采用 CPLEX 模型进行了算例验证求解。

（3）洲际公铁多式联运的选址路径优化模型设计和混合差分进化算法的求解研究。首先，本部分构建了基于多式联运的双层选址路径优化模型，旨在解决最优多式联运场站选址、开行班列时间选择和公铁多式联运路径选择问题；其次，本部分设计了该问题的算例并进行了模型求解；再次，本部分设计了求解模型大规模算例的混合差分进化算法并进行了算法验证；最后，本部分基于我国中欧班列区域开行的实践案例进行了实证分析。

（4）不确定条件下的洲际公铁多式联运选址路径优化模型设计和求解研究。首先，本部分提炼了中欧班列的多城市集拼和复杂集结模式，综合考虑了班列运输能力和运输时间的不确定性，构建了不确定条件下的洲际公铁多式联运选址路径优化模型；其次，本部分对不确定优化模型进行了去模糊化处理，针对模糊机会约束规划模型进行了算例求解；最后，本部分对班列运输能力和运输时间等参数进行了灵敏度分析，得到了具有一定实践参考价值的方案。

作者

2024 年 7 月

Contents | 目 录

第一章

洲际公铁联运问题研究背景与研究现状

1.1 研究背景

1.1.1 "大循环""双循环"背景下，我国经济格局向陆海并重发展

1978 年我国实行改革开放，东部沿海城市发挥海港优势，便捷连接全球市场，形成了以出口加工为主要形态的产业体系，造就了上海浦东、广东深圳等经济奇迹，积累了大量的外汇储备，为国家大规模建设提供了第一桶金。沿海港口在其中起到了融入全球生产网络、提供国际国内资源和产品交通物流组织的重要作用，在以出口加工为导向的经济发展模式中，沿海港口是国际物流成本最低和组织效率最高的区域。2019 年全球十大集装箱港口排名中，我国有七大集装箱港口入围，分别是上海港（第一）、

宁波舟山港（第三）、深圳港（第四）、广州港（第五）、青岛港
（第七）、香港港（第八）、天津港（第九）。

　　随着产业转型升级要求的日益迫切，以及不平衡不充分发展
矛盾的突出，我国提出了"一带一路"倡议，旨在通过陆海双向
开放，培育新的发展动能，建立适应新时代要求的全球化经济体
系。"一带一路"为内陆地区扩大对外开放提供了历史性机遇，
从 2013 年提出至今，"一带一路"不断向纵深推进。2015 年 3
月，国家发展改革委、外交部、商务部联合发布了《推动共建丝
绸之路经济带和 21 世纪海上丝绸之路的愿景与行动》，将政策沟
通、设施联通、贸易畅通、资金融通、民心相通的理念推向"一
带一路"合作伙伴。2017 年 5 月，我国成功举办"一带一路"国
际合作高峰论坛，论坛共形成 76 大项、270 多项具体成果。

　　近年来，消费对我国经济发展的基础性作用显著增强，据测
算，2019 年最终消费支出对经济增长的贡献率为 57.8%。随着消
费对 GDP 的拉动作用超过投资和出口，我国改革开放以来建立起
的强化投资、加大出口的经济发展方式正逐步向投资、出口和消
费并重转型，支撑经济产业发展的交通运输和供应链服务体系也
面临着优化重构。在以出口为重心的经济发展方式的导引下，我
国沿海地区凭借通过海运连接全球的优势，成了物流和供应链组
织成本最低和效率最高的地区；在消费不断升级的趋势下，我国
内陆地区通过构建辐射周边的分拨网络，成为分拨和流通成本最
低且效率最高的地区。我国经济发展热点板块逐步转变为沿海和

内陆并重。

1.1.2 现代化产业体系要求下，亚欧亟须建立陆路国际供应链和商品流通网络

在以出口加工为导向的经济环境下，我国产业分工在国际上处于价值链低端，产品价值对物流供应链成本较为敏感，随着一系列产业升级计划的推进，处在国际产业链中高端的产品对短时、准时供应链服务的需求逐步提升，对基于亚欧陆路通道国际供应链体系的建立要求更加迫切，以亚欧陆路公铁多式联运通道为基础的国际生产网络将与传统的海上生产网络形成互补、分工。

在国内消费需求不断升级的背景下，我国亟须建立陆向和海向并举的国际商品流通网络，以满足国内消费需求；同时，随着中亚、西亚、东欧国家经济水平和消费能力的不断提升，以及亚洲基础设施投资银行等金融机构对"一带一路"沿线国家和地区基础设施互联互通的支持，更加畅通的亚欧陆路通道将更有效地促进我国产品出口，助力我国形成全面对外开放的新格局。

从西向出口来看，"丝绸之路"经济带沿线国家和地区基础设施互联互通的不断推进，将产生大量的基础设施建设物资需求，并有利于发挥我国基建优势，充分输出产能，进而产生向中亚、西亚等国家的基建物流需求，国内大型物资储备节点将提供物资集散、干线运输组织等服务。

从陆路进口来看，为满足国内日益增长的居民消费需求，尤

其是对高质量产品的消费需求，我国从欧洲、西亚地区的进口量将不断增长，充分挖掘适合洲际铁路集装箱运输的物资，有利于我国形成与出口相协调的双向物流发展格局。随着"一带一路"的纵深推进，以及沿线国家和地区产业合作的不断增加，亚欧陆路通道未来将产生更多品类的双向货源。

1.1.3 以中欧班列为核心的亚欧陆路多式联运体系是强化亚欧陆向联系的基础条件

多式联运和"一带一路"紧密结合，最终将被纳入现代化经济体系，成为我国对外开放新格局的重要支撑和引领。[1] 目前，中欧班列作为我国洲际多式联运的主要形态，依托西伯利亚大陆桥和新亚欧大陆桥，已联通欧洲国家、中西亚国家和东南亚国家。洲际铁路运输通道是中欧班列的干线运输环节，公铁水多式联运是中欧班列的支线运输环节，依托中欧班列的亚欧陆路多式联运体系建设，具有广阔前景。

截至 2023 年年底，中欧班列在国内已形成经阿拉山口、霍尔果斯、二连浩特、满洲里、绥芬河等口岸出入境的西、中、东 3 条运输主通道，共有 80 余条中欧班列运行线路。其中，西部通道经阿拉山口或者霍尔果斯口岸出入境，主要货源范围为中西部地区；中部通道经二连浩特口岸出入境，主要货源范围为华北、华中地区；东部通道经满洲里或绥芬河口岸出入境，主要货源范围为东南沿海及东北地区。

自 2011 年 3 月 19 日重庆至德国杜伊斯堡首列中欧班列开行到 2024 年 5 月,中欧班列累计开行 9 万列,开行规模持续扩大,联通亚欧大陆 300 多个城市,服务网络基本覆盖亚欧全境。2023 年全年,中欧班列开行 1.7 万列,同比增长 6%,发送 190 万标箱,同比增长 18%,基本实现"去一回一"。从各个口岸情况来看,阿拉山口进出境班列总数最多,占比约 28.8%,满洲里进出境班列数量占比约 28.6%,保持较快增长。从各主要城市来看,开行数量排名靠前的有西安、重庆、成都、郑州、长沙等内陆城市,其中,西南地区的成都和重庆开行的中欧班列数量合计占比接近 22.8%,中部地区的郑州和长沙开行的中欧班列数量合计占比接近 15.5%。

中欧班列自开行以来发展迅猛,其意义已由多式联运通道拓展为产业联系和贸易往来通道,但中欧班列发展中出现的无序竞争、成本偏高和各自为政现象依然存在,有关部门需要对运输组织方式、班列开行主体架构等进行合理优化。

1.1.4 国际公铁联运中遇到的实际问题,需要学术研究为决策提供参考

以我国为主导的亚欧洲际多式联运体系仍需完善,目前中欧班列虽然加挂统一品牌标识,但各地中欧班列基本独立运营,难以对境外段的口岸、场站、代理公司等战略运输资源进行统一调配。同时,由于缺乏协同合作,难以充分挖掘市场,运输的规模

经济效益尚待进一步发挥。完善公铁多式联运集结方式，优化货源集结组织方式，推广集拼集运模式，协调各有关方面形成合力，可提升对外议价能力，有效降低境外段通关、换装和代理等环节成本。

亚欧洲际公铁多式联运中，中欧班列是目前实践发展中较为突出的运输产品，基于亚欧大陆桥的基础设施配置和中欧班列的运营能力，未来亚欧洲际公铁多式联运将会向着运输产品丰富化、运输资源集约化、组织能力网络化的方向发展。目前的学术研究，针对实践问题的研究往往理论支撑不够且前瞻性不足，尚未对如何形成以我国为主导的亚欧洲际公铁多式联运网络进行系统性的分析研究。从运输组织角度来看，结合经典运输路径和选址优化理论的研究还比较欠缺；从研究面向主体角度来看，缺乏针对宏观决策、中观协调和微观实操运营各类主体的相关研究；从支撑远期发展角度来看，目前的研究多着眼于现状优化，缺乏对未来中欧班列相关技术问题的研究。

基于以上研究背景，本书在亚欧洲际公铁多式联运系统优化问题框架下，进行国际公铁多式联运路径优化问题研究，通过提炼目前运输实践问题，对运输组织优化的经典学术问题进行延伸、组合和创新，形成该类优化问题的系统性分析框架、基础优化模型和拓展模型以及求解方法，为后续学术研究奠定基础，为运输实践决策提供参考。本书将中欧班列的实践问题归纳为学术上的一类国际公铁多式联运优化问题，通过对这类问题进行细化研究，丰富相关理论，以期指导运输实践开展。

1. 洲际公铁多式联运优化问题的归纳

中欧班列依托于亚欧大陆桥所形成的运输通道发展，已由最初的各省、区、市独立开行向着全国集约化开行演变，但其开行主体仍然体现出各自为政的特点，其集结模式仍主要为站点各自集结。为此，有必要通过实践探索，从学术角度总结这一类洲际公铁多式联运优化问题，并构建问题的基础和拓展模型。

2. 洲际运输中的选址和车辆路径优化问题的提出

目前与中欧班列有关的研究多为节点选择研究，基于亚欧大陆桥运输通道，中欧班列所涉及的国内班列开行站点、口岸站点和国外站点已较为成熟，尤其是一些大型节点，都已具有比较完备的基础设施和较强的服务能力。因此，节点选择应该和路径选择结合起来，以使问题从战略层面优化向战术层面和运营层面优化组合，基于一类经典的选址和车辆路径优化问题来研究洲际公铁联运优化问题。

3. 洲际运输中的铁路干线与公路甩挂集货问题的结合

公路集装箱甩挂运输是重要的集约化运输形式，是与洲际铁路干线运输相结合的主要方式，可以有效提高洲际运输货物集结和班列发送效率，实现洲际干线和支线的公铁多式联运。公路集装箱甩挂运输是洲际运输中的支线环节，同时是国内城际运输的干线环节，有利于支持构建洲际铁路干线运输—城际公路甩挂运输—城市配送网络。

1.2 国内外研究现状

本书基于国际公铁多式联运路径优化问题展开研究，与之相关的学术问题包括双层车辆路径优化问题、汽车列车路径优化问题、公铁多式联运优化问题以及不确定和模糊优化问题。国内外研究分析思路如图1-1所示。

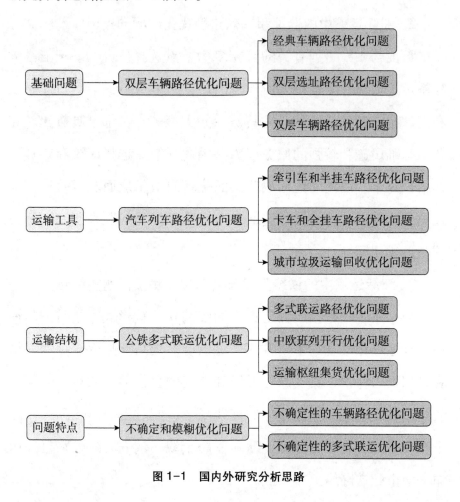

图1-1　国内外研究分析思路

1.2.1 双层车辆路径优化问题研究现状分析与评述

运输网络为公路和铁路双层网络，主要基于经典车辆路径优化问题及在此基础上的双层选址路径优化问题和双层车辆路径优化问题进行建模分析，本部分系统梳理了车辆路径问题及其各类衍生问题的研究现状。

常见的车辆路径问题及其衍生条件、组合问题如表 1-1 所示。

表 1-1　　　常见的车辆路径问题及其衍生条件、组合问题

分类	英文简称	英文全称	中文含义
基本问题	VRP	Vehicle Routing Problem	车辆路径问题
	LRP	Location Routing Problem	选址路径问题
	TTRP	Truck and Trailer Routing Problem	卡车和全挂车路径问题
	TSRP	Tractor and Semi-trailer Routing Problem	牵引车和半挂车路径问题
	CVRP	Capacitated Vehicle Routing Problem	带容量约束的车辆路径问题
衍生条件	MT	Multimodal Transport	带多式联运的
	CD	Cross-Docking	带接驳的
	2E	Two-Echelon	双层的
	TW	Time Windows	带时间窗的
组合问题	2E-LRP	Two-Echelon Location Routing Problem	双层选址路径问题
	2E-VRP	Two-Echelon Vehicle Routing Problem	双层车辆路径问题
	VRPCD	Vehicle Routing Problem with Cross-Docking	带接驳的车辆路径问题

1. 车辆路径问题和带时间窗的车辆路径优化问题

（1）车辆路径问题的起源与界定

车辆路径问题（Vehicle Routing Problem，简称 VRP）源于旅

行商问题（Travelling Salesman Problem，简称 TSP），是 20 世纪 50 年代末由 Dantzig 等[2]根据实践中卡车路径问题提出来的，是一类经典的组合优化问题。VRP 一般被描述为：在一个由场站和若干客户点组成的物流网络中，已知场站的位置、保有的车辆类型和数量，客户点的位置和货物需求量也已知，要求合理规划运输车辆从某场站出发、服务所需服务的客户点后再回到场站的路径方案，即在满足客户点需求的同时实现车辆行驶总里程最小化，或者车辆行驶总成本最小化、车辆数量最小化等目标。

基本车辆路径问题又被称为带容量约束的车辆路径问题（Capacitated Vehicle Routing Problem，简称 CVRP），假设网络中只有 1 个场站和若干客户点，车辆类型一致并有容量限制，则每个客户点只能被服务 1 次。

（2）车辆路径问题的衍生形式

在基本车辆路径问题的基础上添加不同的约束条件，可得到不同类型的车辆路径问题。常见的约束包括客户点服务时间约束、路径总时间约束、场站容量约束、车辆类型和数量约束、服务客户数量上限约束、客户点服务优先次序约束等。

基本车辆路径问题的衍生问题有多种。例如，Oliveira 等[3]研究了多场站车辆路径问题（Multi-Depot Vehicle Routing Problem，简称 MDVRP）；Wassan[4]研究了集货的车辆路径问题（Vehicle Routing Problem with Backhauls，简称 VRPB）；Golden 等[5]研究了多车型车辆路径问题（Fleet Size and Mix Vehicle Routing Problem，

简称 FSMVRP）；Bae 等[6]研究了带时间窗的多场站车辆路径问题（Multi-Depot Vehicle Routing Problem with Time Windows，简称 MDVRPTW）。

（3）带时间窗的车辆路径问题

带时间窗的车辆路径问题[7]（Vehicle Routing Problem with Time Windows，简称 VRPTW）是一类重要的 VRP 衍生问题，其模型约束条件中包含时间约束。按照时间窗的数量，VRPTW 可以分为单时间窗问题和多时间窗问题，在较早期的 VRPTW 研究成果中，Azi 等[8]采用精确算法求解了一类单时间窗问题，Favaretto 等[9]求解了一类多时间窗问题。

按照时间窗约束的特征，VRPTW 可以分为硬时间窗约束和软时间窗约束两种。硬时间窗约束中，运输车辆必须在时间窗范围内抵达客户点；软时间窗约束则允许系统付出一定的额外成本而在时间窗范围之外抵达。既有的研究中，Errico 等[10]构建了带硬时间窗的混合整数线性规划 VRP 模型，模型考虑了随机服务需求；Miranda 等[11]构建的硬时间窗 VRP 模型，不仅考虑了随机服务需求，还考虑了随机在途时间；Hu 等[12]构建了硬时间窗条件下的不确定需求和在途时间 VRP 模型。相比硬时间窗研究，既有研究中软时间窗相关研究更多。例如，早期研究中，Iqbal 等[13]提出了一类软时间窗 VRP 并进行了求解。近期研究中，Xia 等[14]提出了一类软时间窗的开放 VRP，研究模型中考虑了客户满意率；Brand-staetter 等[15]和 Christian[16]提出了一类新的带时间窗的 VRP，这类问题叫作干线运输车辆路径问题（Line - haul Feeder Vehicle Routing Problem，简称 LFVRP）。

2. 双层选址路径优化问题

（1）双层选址路径问题的界定

选址路径问题（Location Routing Problem，简称 LRP）整合了物流配送系统设计中设施选址问题和车辆路径选择问题，经典的 LRP 是在给定一组潜在的场站及相关的开放成本、一队类型相同的车辆和一组已知需求的客户点的情况下，选择开放一部分客户点，将客户点分配给场站，并决定完成服务的车辆路径，使总的成本最低。在 LRP 基础上，以网络中的中间枢纽分隔两层运输网络，就形成了双层选址路径问题（Two-Echelon Location Routing Problem，简称 2E-LRP）。

（2）双层选址路径问题的模型描述

关于 2E-LRP，较早的研究有：Jacobsen 等[17]和 Madsen[18]提出报纸配送问题；Laporte[19]进一步介绍了多层选址路径问题；Caroline 等[20]指出，在 Nagy 等[21]对 LRP 做了全面研究之后，关注这类问题的文献快速增多，接着其对新增研究结果做了综述，指出新增研究中多数学者关注场站和车辆容量限制问题，并将之称为带容量约束的选址问题（Capacitated Location Routing Problem，简称 CLRP）。①

---

① CLRP 的描述是在一个完整的、有权重的无向图上，网络中车辆的类型相同且有容量限制。

Nguyen 等[22]对 2E-LRP 进行了描述并给出了数学模型。其在模型中假设主场站和卫星站点的总容量能够满足所有客户点的需求，可行解中包括开放的场站、第一层路径方案、第二层路径方案。需要满足的约束条件有：每个客户点只能被一辆第二层车辆服务，每个开放的卫星站点只能由一辆第一层车辆服务；每辆车配送的货物不能超过其容量限制；每辆第二层车辆的起止点都为相同的卫星站点；卫星站点收到的所有货物都将配送给客户点。目标函数为系统总成本①最小化。

Boccia 等[23]考虑了第一层路径有多个主场站的情况，将之称为平台；Contardo 等[24]给出了这类问题的双索引车辆流模型；Dalfard 等[25]建立了带车辆路径长度约束和汽车容载量约束的模型，并综合考虑了货物处理成本。

时间窗约束方面，Nikbakhsh 等[26]给出了带软时间窗约束的双层选址路径问题（Two-Echelon Location Routing Problem with Soft Time Windows，简称 2E-LRPSTW）的数学模型。2E-LRPSTW 物流系统被定义在一个无向图上，点集 N 包括中心场站（CDC）、场站（RDC）和客户点（C），无向图的边包括连接 CDC 和 RDC、连接 RDC 和客户点以及连接客户点和客户点的边。该数学模型具有以下假设：CDC、RDC 和相同的车队的容量是确定且已知的参数，分配给 RDC 的车辆类型相同，客户点的需求是

---

① 包括所选择卫星场站的开放成本、车辆的使用成本和第一层、第二层路径的成本。

确定且不可分割的。

（3）特定商品流下的选址路径问题

Govindan 等[27]设计了可持续的易腐食品供应链网络，实现了经济和环境的优化，目标是确定工厂的数量和位置，优化配送到下一层的产品的数量及每一层的路径，同时降低碳排放和温室气体排放造成的网络成本。目标函数包括两部分：最小化供应链网络的总变动成本和固定成本；最小化网络的环境影响。

栾峦[28]针对生鲜农产品冷链配送问题，提炼了 2E-LRP 模型，目标函数为总成本最小化，双层模型中，上层为选址数量与位置优化，下层为配送车辆路径优化。

3. 双层车辆路径优化问题

（1）双层车辆路径问题的界定和分类

在一些物流问题中，特别是在操作层面，场站及卫星站点等设施的位置都是确定的，即 2E-LRP 中的选址部分已经完成，这时，双层选址路径问题便转化为双层车辆路径问题（Two-Echelon Vehicle Routing Problem，简称 2E-VRP）。

Gonzalez-Feliu[29]对双层运输优化问题进行了系统性回顾。

Perboli[30]对双层车辆路径问题及这类问题的变形进行了系统介绍：

- 带容量的双层车辆路径问题

带容量的双层车辆路径问题（Two-Echelon Capacitated VRP，简称 2E-CVRP）是基本的 2E-VRP，每一层的车辆都有相同的固定容量。每一层车队的规模都是固定的，但每个卫星站点的车辆数是未知的。目标是在满足车辆容量约束条件下服务客户点，使总的运输成本最低。有一个场站和固定数量的有容量限制的卫星站点。所有客户点的需求都是固定且已知的，且必须满足。此外，配送过程及卫星站点没有时间窗。对于第二层，每个客户点的需求都比车辆的容量小且不能被分割。

- 带时间窗的双层车辆路径问题

带时间窗的双层车辆路径问题（Two-Echelon VRP with Time Windows，简称2E-VRPTW）是2E-CVRP的一种拓展，需要考虑卫星站点或者客户点的到达和出发时间约束。时间窗既可以是硬时间窗，也可以是软时间窗。

- 带卫星场站的双层车辆路径问题

带卫星场站的双层车辆路径问题（Two-Echelon VRP with Satellite Synchronization，简称2E-VRPSS）需要考虑车辆到达和离开卫星站点的时间约束。车辆到达卫星站点后会卸下货物，然后这些货物必须被立刻装载到第二层车辆上。

- 带取送的双层车辆路径问题

带取送的双层车辆路径问题（Two-Echelon VRP with Pickup and Delivery，简称2E-VRPPD）中，中转卫星站同时作为从客户点带回的货物和需要配送的客户点的货物的储存点。

（2）双层车辆路径问题的模型描述

Crainic 等[31]引入更一般化的运输成本，考虑操作、环境、拥挤等多种因素，分析了这些不同的因素对 2E-VRP 中卫星站点位置的影响，以及双层运输方式与单层运输方式的优劣对比情况。Crainic 等[32]还分析了客户点分布、卫星站点位置、场站位置、卫星站点数量、卫星站点的平均可达性，以及卫星站点和客户点之间的运输成本对总运输成本的影响。

Jepsen 等[33]指出，Perboli 等[34]研究的商品流模型在卫星站点数超过 2 个时可能提供不正确的上限，其提出一种边界流模型，并用分支切割精确算法进行求解。模型是较为基础的 2E-CVRP 数学模型，模型中每个卫星站点的车流不变，确保每辆车最多访问同一个卫星站点 1 次，确保每个客户点都被服务到，确保客户点处车辆平衡，并限制每个卫星站点处的车辆数以及使用的车辆总数，使第二层车辆的容量限制不被"违反"。

Baldacci 等[35]给出了另一种新的 2E-VRP 数学模型，模型中每个卫星站点都可以被多条第一层车辆路径服务，每个客户点都只能被 1 条第二层路径服务，并限制解中第一层和第二层路径的数量。

Soysal 等[36]首次提出时序 2E-CVRP 的数学规划模型。问题考虑了车辆的类型、行驶距离、行驶速度、载重、多时间区间和排放等因素，问题的求解目标是决定第一层和第二层路径，使总的行驶成本和处理成本最低，还考虑到了非拥挤路段和拥挤路段的燃油成本。

徐世达[37]围绕回收物流、配送物流和取送物流 3 类典型的

VRP 进行了组合研究，建立了针对回收需求的逆向物流车辆路径优化模型，针对送货需求的配送物流车辆路径优化模型，以及针对具有取货和送货需求的车辆路径优化模型，从物流资源整合的实际问题角度，将模型提炼为经典问题的组合问题。

经过多年研究，目前双层车辆路径优化问题已经形成了较为系统的研究分类，与本书关联较紧密的是 VRPTW、2E-LRP 和 2E-VRP。对于该类问题，模型研究向着精细化和实际化方向发展，这些研究对本书洲际公铁多式联运优化模型的建立有着较强的参考意义。

双层车辆路径优化问题以点弧模型为基础，网络中包含第一层节点、第二层节点和衔接节点，以及第一层线路和第二层线路，既有文献较少出现多式联运网络和双层网络相结合的研究。将公路和铁路网络、各类运输节点合理分配在两层网络中，是多式联运双层网络问题的研究方向之一。

双层车辆路径优化问题的既有研究主要针对城市内、城市间的车辆路径优化进行，针对洲际范围的优化研究较少，洲际范围优化问题中，由于干线运输运距较长，其在优化空间和双层衔接等方面均与既有的双层车辆路径优化问题存在区别，需要进一步分析、研究。

双层车辆路径优化问题的时间窗一般设置在客户点，部分涉及单个节点多时间窗，与洲际铁路运输每日开行时间窗类似，公转铁运输时间窗则一般为硬时间窗约束，公路运输车辆需要在铁路发车计划时间窗内抵达公铁多式联运场站。

1.2.2　汽车列车路径优化问题研究现状分析与评述

汽车列车路径优化问题包括牵引车和半挂车路径问题（Tractor and Semi-trailer Routing Problem，简称 TSRP）、卡车和全挂车路径问题（Truck and Trailer Routing Problem，简称 TTRP）以及滚装车辆路径问题（Rollon-Rolloff Vehicle Routing Problem，简称 RRVRP）的优化，其适用范围如表 1-2 所示。

表 1-2　　汽车列车路径优化问题的主要分类及适用范围

问题类别	车辆种类	适用范围
TSRP	牵引车、半挂车	城际甩挂运输、城市配送问题
TTRP	卡车、全挂车	城际甩挂运输、城市配送问题
RRVRP	卡车	城市垃圾运输、回收问题

1. 牵引车和半挂车路径优化问题

（1）问题的提出

TSRP 的研究最早与钢铁企业内部的车辆路径有关。

周美花[38]将钢铁企业内部的运输路径优化问题分为几个子路径优化问题，通过衡钢厂①实例验证了模型和算法的有效性。

梁波[39]建立了大型钢铁企业厂内循环甩挂运输路径模型，设计了求解模型的禁忌搜索算法，得到了衡钢厂内牵引车的最优行驶路径及循环甩挂方案。

———————

① 湖南衡阳华菱钢管有限公司。

马易苗[40]提出了以运输费用最小化为目标函数的集装箱甩挂运输车辆路径模型，总结了既有 VRP 的求解算法。

范宁宁[41]认为滚装甩挂运输车辆路径问题具有双重时间窗的特点，并以此建立了相应的模型，采用节约算法对 8 个货运网点的算例进行了求解，得到牵引车的路径方案。

温旖旎[42]根据客户点是否能够存放空半挂车，将 TSRP 分为"空返"和"非空返"两种类型，借助数学建模，采用分解货运需求的算法对三中心场站、七客户点的算例进行了求解，结果显示，甩挂运输模式缩短了运输距离并达到了 1∶2 的拖挂比。

张磊磊[43]建立了 LPG 甩挂运输路径问题的数学模型，采用禁忌搜索算法求解了包含 7 个场站在内的算例。

（2）问题的模型描述

Li 等[44]对 TSRP 进行了界定并建立了模型，运用启发式算法，得出牵引车行驶路线方案。该研究将区域性甩挂运输网络抽象到"方格"上，有 1 个中心场站及其服务的半挂车集散点。初始时所有牵引车停靠在中心场站，所有站点均有待运输的载有货物并达到一定实载率的半挂车及其他尚待装卸货物的半挂车，各个运输节点之间的货物交流量为 0 或 1 单位的半挂车流量。

Li 等[45]主要研究了牵引车与半挂车甩挂运输的车辆路径问题，建立了以吨公里二氧化碳排放量最小为目标函数的整数规划模型，提出了两阶段模拟退火算法，在算法的第一阶段，求出所需的牵引车数量，在算法的第二阶段，对吨公里二氧化碳排放量进行优化，然后利用小规模算例验证算法的可行性和有效性，最后使用模拟退火算法求解大规模的算例。

Neves-Moreira 等[46]提出了长途运输中的牵引车和半挂车路径优化问题，该问题将长途运输转化为若干个短途运输，从而获得更大的运输调度灵活性。

国内有部分研究是针对港口和腹地间的集装箱甩挂运输的，例如，谷首更[47]建立了带时间窗的港口堆场与内陆腹地间的集装箱甩挂运输模型；杨光敏[48]建立了基于港口集装箱运输的甩挂运输网络，网络节点包含 1 个码头节点、若干甩挂运输场站和若干客户点，目标函数为总路径最短。

2. 卡车和全挂车路径优化问题

（1）问题的模型描述

Semet 等[49]提出了 TTRP，并给出了"卡车+全挂车"类型汽车列车在实际中的应用。其指出，某些客户点的一次需求可能超出卡车的最大容量且又不能分开服务，因此，就需要用到"卡车+全挂车"类型的汽车列车。

学术界将 TTRP 的客户点分为两类：一类是由于条件限制，汽车列车无法驶入，只能由卡车进行服务的客户点；另一类汽车列车可以驶入，能够被两种类型车辆服务的客户点。车辆的行驶路径也分为两类：一是主路径，即汽车列车的行驶路径；二是子路径，即汽车列车在主路径上某一点卸下挂车，卡车单独行驶，以该点为起止点服务卡车的客户点。

Gerdessen[50]对 VRP 进行了拓展，得到了带挂车的车辆路径问题（Vehicle Routing Problem with Trailers，简称 VRPT），该类问题的描述与 TTRP 相似，将客户点分成容易到达和不容易到达两类，对于前者，"卡车+全挂车"类型的汽车列车容易到达；而对于后者，由于条件限制，行驶可能较为困难，因此，将卡车和汽车列车的行驶速度设为不同值，对于某些不方便汽车列车进入的客户点，使用卡车进行服务。

（2）问题的拓展

在 TTRP 基本问题上添加不同的约束条件，可以得到不同类型的 TTRP 拓展问题。

Tan 等[51]考虑了以下问题——由于车辆资源有限，物流企业空箱和重箱在运输中需要将一些业务分包出去，并首次就这类问题建立了卡车和全挂车车辆路径问题（Truck and Trailer Vehicle Routing Problem，简称 TTVRP），在满足运输时间窗及卡车允许使用等条件下，寻求行驶距离最短且卡车使用数量最少的车辆路径方案。

Lin 等[52]在研究中对 TTRP 基本问题中车辆组成的限制条件进行了"松弛"，即不对问题中的卡车数和挂车数进行限制，进而得到松弛的卡车和全挂车路径问题（Relaxed Truck and Trailer Routing Problem，简称 RTTRP）。假设不考虑卡车和挂车的固定成本问题，在无车辆数量限制时，可以得到更优的结果。

Lin 等[53]考虑到实际中客户点的服务通常存在时间约束的情

况，在 RTTRP 的基础上进一步拓展，首次提出了带时间窗约束的卡车和全挂车路径问题（Truck and Trailer Routing Problem with Time Windows，简称 TTRPTW）。

Derigs 等[54]在 TTRP 基本问题基础上分别考虑了卡车与挂车间货物是否可以转移、客户点的服务是否有时间窗约束等不同类型的问题。一方面，当卡车和挂车间货物可转移时，对于一条路径，需满足：主路径和所有子路径上客户点的总需求不超过卡车和挂车的容量之和；单个子路径上客户点的总需求不超过卡车的容量。另一方面，当卡车和挂车间货物不可转移时，需要提前将所有子路径上所需的全部货物放置在卡车上，主路径上所需的一部分货物可以放在卡车上，对于一条路径，需满足：主路径和所有子路径上客户点的总需求不超过卡车和挂车的容量之和；所有子路径上客户点的总需求不超过卡车的容量。

Villegas 等[55]介绍了一种单卡车单挂车多个卫星场站的车辆路径问题（Single Truck and Trailer Routing Problem with Satellite Depots，简称 STTRPSD）。在一个运输网络中，有 1 个场站、多个卫星场站和若干客户点，所有的客户点只能被卡车服务，因此，汽车列车需要在挂车停靠点暂时卸下挂车，转而由卡车单独服务客户点，进而车辆的行驶路径分为一级和二级两层。挂车停靠点没有货运需求，且在挂车停靠点挂车与卡车之间可以进行货物的转移。

Drexl[56]在实际生活中的原始收集问题中提炼出带挂车和转运

的车辆路径问题（Vehicle Routing Problem with Trailers and Trans-shipments，简称 VRPTT）。在 VRPTT 中，存在 4 种类型的站点：一是场站，是各条路径的起止点；二是挂车的停靠点，承载挂车的卸下、连接以及将货物从卡车转移到挂车的操作任务；三是汽车列车客户点，允许汽车列车进入；四是卡车客户点，只允许卡车进入。TTRP 中，不同车辆路径之间是相互独立的，一条路径的改变不会影响其他路径，且一辆挂车随一辆卡车驶出后必须由该卡车带回场站；而在 VRPTT 中，允许卡车将挂车带出场站后停靠在某个挂车停靠点，独自回到场站，挂车由另一辆卡车带回场站的情况。

3. 滚装车辆路径优化问题

（1）问题的模型描述

RRVRP 来源于废物回收问题。

Bodin 等[57]提出了 RRVRP，其对 RRVRP 的描述如下：在点弧网络中，存在 1 个场站和 1 个处理站，场站为牵引车行驶的起止点，处理站将重挂车转变为空挂车并可作为空挂车的存储站。

（2）问题的拓展

Baldacci 等[58]在 RRVRP 的基础上进行了拓展，得到多处理站多空箱存储站的 RRVRP（Multiple disposal facilities and multiple inventory locations Rollon-Rolloff Vehicle Routing Problem，简称 M-RRVRP）。在 M-RRVRP 中，站点的类型由 3 种增加到 4 种，处理站不再作为空挂车的存储站，而新设立了专门的空挂车存储站，

且处理站和存储站的数量均为多个。此外，网络中有多种类型的挂车，不同类型的挂车适应不同的客户点、处理站及存储站，但可以与所有牵引车连接。

Wy 等[59]与 Baldacci 等[60]考虑了多个处理站、多个空挂车存储站、多种客户需求和多种挂车类型的情况，并考虑了多时间窗的约束。在既有研究基础上，将客户点的服务类型分为 7 种，并考虑了现实中的 4 种情况：一是由于时间窗的关系，牵引车未能在处理站关闭前处理完重挂车，从而将未处理的重挂车暂时拉回场站，第二天再完成处理的情况；二是客户点的服务类型可能发生改变的情况；三是某些客户点的需求只能被某些特定的处理站满足的情况；四是一个客户点可能存在多种需求的情况。

Li 等[61]针对 RRVRP 的算法进行了重点研究，采用了两阶段的启发式算法，在第一阶段，采用邻域搜索算法，在第二阶段，采用 CW 节约算法，并对 Bodin 等[57]中的基准算例进行了求解，得到了经过改善的求解效果。

Li 等[62]研究了一般性的 RRVRP（General RRVRP，简称 GRRVRP），提出一种混合整数线性规划模型，描述如下：运输网络中包含 1 个场站、1 个挂车池和若干客户点，挂车池的作用是提供、接收和停放空半挂车，已知带时间窗的客户点需求，场站中有足够数量的相同类型的牵引车，模型中包含两类需求——一类是客户点之间的重集装箱交流需求，另一类是待装入空集装箱的货物需求，每个客户点只有一类需求。

在汽车列车路径优化问题中，与本问题关联度较高的是牵引车和半挂车路径优化问题，由于该类问题起源于滚装车辆路径优化问题，且另一种甩挂运输问题——卡车和全挂车路径优化问题既有研究成果较为丰富，故该三类问题对本书模型的建立和求解具有较强的指导意义。本书涉及的集装箱甩挂运输，是洲际公铁多式联运在公路集货环节的主要运输组织形式，与汽车列车路径优化有关的既有研究，对本书有着较强的参考意义。

近年来出现的牵引车和半挂车路径优化问题中的牵引车调度问题研究，可以进一步与洲际铁路运输相结合，指导洲际公铁多式联运网络中的支线运输，拓展其适用范围。

既有研究中，有部分是对汽车列车运输系统碳排放进行的研究，但缺少汽车列车和铁路运输组成的多式联运系统碳排放相关研究，以碳排放最低作为这类系统的目标函数，可以更好地研判铁路和汽车列车在低碳和绿色交通运输系统的作用。

1.2.3 公铁多式联运优化问题研究现状分析与评述

多式联运在学术中比较系统的定义和分类分析来源于 Steadie-seifi 等[63]和 Dua 等[64]的研究，本书所研究的公铁多式联运优化问题，在实践中以中欧班列为主要背景，该类优化问题偏重于班列货物集结，与本书研究相关的多式联运学术研究主要包括多式联运路径优化问题研究、中欧班列开行优化问题研究和运输枢纽集货优化问题研究。

1. 多式联运路径优化问题

（1）公铁多式联运路径优化的基本问题

孙岩[65]设计了一般性的公铁多式联运服务网络，建立了集装箱、危险品公铁多式联运模型，在约束中加入了班列载运能力模糊机会约束且对该约束进行了线性处理，使模型可以线性求解。

Zhang 等[66]提出了一类多场站条件下的集装箱卡车调度问题，在模型中考虑了时间窗约束，集装箱路径包括重集装箱到达、重集装箱发出、空集装箱到达和空集装箱发出 4 种情况，在后续研究中，Zhang 等[67]又增加了集装箱资源约束。

邹高祥等[68]、于雪峤等[69]研究了模糊需求下多式联运路径优化问题，引入三角模糊数与模糊机会约束规划进行模型构建与分解，并分别采用遗传算法和 CPLEX 进行了模型求解。

Verma 等[70]和 Sun 等[71]建立了多目标函数下的公铁多式联运网络模型，其研究还表明，在运输方案中安排直达的多式联运铁路列车可以有效降低系统风险。

黑秀玲[72]研究了汽车整车多式联运优化问题，研究内容包括基于多式联运网络的汽车整车配送、基于不确定需求的车皮与舱位量优化计算、多式联运网络中的服务频率设定和正/逆向路径优化、基于 4S 店联盟的整车配送等。

陈雷[73]构建了公铁两网之间的货流转移优化模型（该模型实质上是公铁衔接的双层网络路径模型），并采用禁忌搜索算法、遗传算法和粒子群算法进行了求解。

Wolfinger 等[74]提出了一类长距离多式联运路径优化问题，当模型中运输需求的起点和终点距离较远时，采用多式联运方式比采用单一运输方式可以节约大量成本。

（2）公铁多式联运路径优化的组合问题

蒋洋[75]研究了多式联运网络设计和路径优化（包括多式联运枢纽与网络布局优化、多式联运网络路径优化、考虑干线运输服务和支线运输服务的轴辐式多式联运网络优化）问题，路径优化模型中选取了 3 个主要的 0-1 变量，分别为某货物流是否经过运输区段、某节点是否布局为枢纽、某货物流是否在枢纽中转，构建了非线性优化模型。

Fazayeli 等[76]研究了考虑时间窗和模糊需求的多式联运 LRP，着眼于"多式联运+LRP"组合问题，通过对 7 个、10 个、14 个、35 个节点算例进行求解（算例中运输方式涉及公路、铁路、海运 3 类），验证了模型的合理性和遗传算法的有效性。

（3）多式联运网络设计问题

有关多式联运网络设计（Service Network Design，简称 SND）问题的既有研究较多，该问题与多式联运路径优化问题也有一定的相似性。Meng 等[77]研究了涉及不同主体、不同类型集装箱路径的公路、铁路、水路多式联运网络设计问题，问题中的节点包括国际和国内的铁路枢纽中心、铁路普通场站、港口节点、边境口岸节点，实际算例包含中国以及东南亚、南亚大部分国家的重要多式联运节点。

Li 等[78]构建了基于荷兰公路、水路、铁路运输节点的多式联运网络模型，模型中涉及沿海港口、内河港口、铁路枢纽和公路枢纽几类节点，研究了算法线性求解和大规模网络问题。

2. 中欧班列开行优化问题

(1) 中欧班列网络设计优化问题

闫伟[79]对中欧班列国内段货源集结点选择、中欧班列去程运输组织优化和中欧班列口岸站衔接组织优化进行了分析研究，其建立的 3 个模型主要涉及中欧班列铁路运输线路，不包括中欧班列公路集货、铁路集货等网络。

文思涵[80]基于中欧班列轴辐式运输网络，建立了中欧班列国际运输网络模型，其模型决策变量包括国内集货枢纽、边境口岸节点、欧洲集货枢纽选择，以及枢纽服务和中欧班列始发城市的对应关系，研究未对枢纽节点的集货方式进行具体细分。

李泽文[81]建立了较为简单的中欧班列中转站选址模型，其算例验证求解结果为单一中转站的选址，不涉及多中转站（国内多式联运场站）的选址、多发车时间选择等问题。

王迪[82]研究了中欧班列网络化开行方案和集结中心分层布局网络构建思路，提炼了班列运输的关键技术环节，包括中转作业时间的协调与控制、运输各环节的时间衔接等，并进行了实证分析。该研究表明，中欧班列这类洲际多式联运网络的关键，是各种运输方式、同种运输方式不同环节的高效衔接，以及关键性节点的选择和组织优化。

刘文慧[83]构建了基于多商品流的中欧班列开行方案优化模型，设计了基于出口的分级集结算例，包括一级集结班列、二级集结班列、装车地直达班列和集结中心直达班列。其研究的是铁路集结情况，未研究公铁多式联运混合集结的情况。

（2）中欧班列路径优化问题

谢楚楚[84]设计了中欧班列运输网络中航空运输、水路运输和陆路运输不同运输方式的排放量计算方法，并以环境税为多式联运网络的目标函数，建立了简化的多式联运网络路径优化模型，对包含 7 个国内节点和 8 个国外节点的案例进行了实证分析。

任刚等[85]针对中国出口欧洲的电子产品的洲际运输进行了多式联运路径优化问题研究，模型以总费用最低为目标函数，设置了软时间窗约束，对深圳和苏州发往欧洲的案例进行了实证分析，得到了公铁多式联运的中欧洲际运输路径方案。该研究选取东南沿海城市进行实证分析，但未给出高端电子产品公铁多式联运方案、海运方案及空运方案在时效性、成本等方面的对比。

郭晓燕[86]针对公、水、铁多式联运网络，建立了中欧集装箱多式联运路径选择模型，设定了由运输费用、运输时间和碳排放组成的多目标函数，并分析研究了以南京为起始点、以柏林为终点的案例，得到了由 3 种运输方式组成的多式联运路径方案。

（3）铁路运输网络设计和优化相关研究

铁路运输网络设计和优化问题是一类可供中欧班列开行优化问题参考的学术问题，相关研究多集中于网络设计问题（Network

Design Problem，简称 NDP），如 Bai 等[87]、Ji 等[88]、Zhu 等[89]的研究，较少针对铁路运输、公铁多式联运路径问题。

Bababeik 等[90]研究了铁路货运网络中的路径问题，建立了两类模型，分别考虑了重要路径中断和重新调度计划下铁路货运路径优化问题。

Sayarshad 等[91]研究了铁路列车的重载列车和空车路径问题，在模型中考虑了场站承载能力、未满足的需求、某时刻和位置下的重载列车和空车，并采用模拟退火的两阶段启发式算法进行了求解。

3. 运输枢纽集货优化问题

卢静玉[92]针对港口集疏运腹地，建立了需求不确定下的内陆集装箱集疏运网络货流分配模型，考虑了内陆中转站的中转集货方式，并对铁路运能和公路运价的变化进行了目标函数的灵敏度分析。

江志娟[93]将联运枢纽布局优化问题分为单一联运枢纽布局优化问题、枢纽数量固定的联运枢纽布局优化问题和枢纽数量不确定的联运枢纽布局优化问题，并针对 3 种情况建立了 3 种模型，对 3 类模型进行了实证分析。该研究的第 3 类模型与 LRP 经典问题相似，并考虑了公路、铁路两类不同枢纽的设置和选择。

公铁多式联运优化问题的既有研究中，运输路径问题注重商品流在公路路径和铁路路径之间的转换，以实现各类成本最低，运输网络范围一般为区域性运输网络；中欧班列优化主要集中于中欧班列网络设计优化，较多文献研究了中欧班列的节点选择和网络选择问题，部分文献研究了中欧班列运输路径优化问题；此外，作为与本书研究内容关联度较高的一类问题，运输枢纽集货优化问题在既有研究中涉及得较少。公铁多式联运优化问题对本研究有着较强的参考意义。

既有研究中，公铁多式联运系统的运距一般为千千米级，较少针对超长距离的多式联运问题，而洲际铁路干线运距一般为1万千米，远超一般区域性的公铁多式联运路径优化问题。

既有的中欧班列优化问题大多为铁路网络优化问题，货物集结尤其是公铁多式联运集结优化方面的研究较少，该类问题的研究不仅涉及铁路运输组织，还涉及公路运输和联运衔接等问题。

基于既有公铁多式联运优化问题，洲际公铁多式联运优化问题的可拓展性较强，不仅涉及不同运输方式之间的组合，还涉及优化目标的组合，以及优化方案的组合等。

1.2.4　不确定和模糊优化问题研究现状分析与评述

1. 不确定性的车辆路径优化问题

VRP决策中的不确定性可以通过随机或模糊角度来表征，不确定性规划方法主要包括期望值法、机会约束规划法和相关机会规划法。VRP中的不确定主要包括服务能力不确定、运输时间不确定和运输需求不确定等，既有研究往往对多种不确定性问题进行组合，用来描述复杂的实际问题。

Williams[94]最早提出了机会约束模型，用来解决约束中的随机变量，其原理是允许决策在一定程度上满足约束条件，满足约束条件的可能性必须不低于一个给定的置信区间。此后，机会约束模型在各领域的应用逐步增加，VRP 中的机会约束模型近年来也成为研究的热点。

Liu 等[95]提出了带有模糊参数的机会约束规划理论框架，该理论框架完善了机会约束的核心思想，即模糊约束的可能性不低于给定的置信度。

Cao 等[96]研究了具有模糊需求的车辆路径问题，并基于模糊可信度理论提炼了模糊机会约束模型，该研究将随机仿真与差分进化算法相结合，设计出一种混合智能算法，以求解模糊机会约束模型。Gaur 等[97]、Gutierrez 等[98]针对该类问题设计了混合启发式算法，用来进行求解。

Wang[99]研究了具有不确定性容量和网络效应的集装箱货物运输随机资源分配问题，在该问题中，货运经营者需要为每种产品分配一定的运输能力，以最大化预期利润。该研究建立了机会约束模型，并提出用基于采样的算法来求解该类模型。

Ghannadpour 等[100]研究了带有模糊时间窗的车辆路径问题，使用客户满意度来表征模糊时间窗，模型采用了多目标函数，使所需的总车队规模、总行驶距离和等待时间降到最小，并最大化总的客户服务满意度。

王莉[101]研究了动态不确定的路径优化问题，以随机约束最短路模型为基础，建立了基于灾难应急响应的随机疏散路径规划问题和动态随机路网环境下两阶段应急疏散路径规划问题，在问题中将路段通行时间设置为动态离散模糊变量。

高飞[102]研究了带容量约束的车辆路径优化问题、考虑随机需求的绿色车辆路径优化问题以及不确定因素下两点配送路径选择问题。根据算例计算结果，该研究得出一系列结论，包括负载变化的 VRP 可以获得更低的能耗；相比于模糊层次评估法，该研究提出的基于证据推理的不确定多因素路径选择方法能更有效地消除决策结果的不确定性等。

赵利英[103]研究了不确定环境下危险品道路运输线路优化模型，包括模糊环境下危险品道路运输车辆路径优化模型、模糊环境下危险品道路运输物流中心选址优化模型、模糊随机环境下危险品道路运输路径选择优化模型和模糊随机环境下危险品道路运输配送优化模型。该研究将系统的总费用期望值和系统的总危险期望值作为复杂模型的目标函数，以不同路径单位运输成本、发生事故受影响的人数作为模糊变量，将多个仓库对应 1 个客户的配送方式纳入危险品道路运输，丰富了不确定条件下危险品运输的理论模型。

2. 不确定性的多式联运优化问题

Sun 等[104]研究了不确定信息下的多式联运路径优化问题，其采用梯形模糊数来描述服务能力的不确定性，并根据模糊可信度将约束进一步转化为模糊机会约束，将这种模糊机会约束整合到先前在研究中提出的混合整数线性规划模型中，为了使改进的模型能够在标准的数学编程软件中有效地通过精确求解算法进行求解，进行了模糊机会约束的清晰等效线性重构。

Sun 等[105]提出了考虑铁路运输能力不确定性和公路拥堵情况的绿色多式联运模型，模型中考虑了铁路服务能力和道路服务时间的不确定性，模型采用包含碳排放的双目标函数，并使用三角模糊数表征不确定参数进行建模。

Demir 等[106]研究了一种具有运输时间不确定性的绿色多式联运服务网络设计问题，采用了包括成本、时间和温室气体排放量等在内的目标函数，该研究使用样本平均逼近的随机数学方法进行真实案例研究并进行了大量的计算。

Tian 等[107]针对不确定性的多式联运问题，提出了一种模糊混合整数规划模型，该模型需要确定最优的运输方式和通过每种路径运输的每种货物的最优数量，在求解中应用了 3 种数学方法，包括区间排序法、模糊线性规划法、线性加权求和法。

李珺等[108]研究了运输时间、中转时间、客户需求和中转集拼货运量不确定情况下的多式联运路径优化问题，建立了以总成本为目标函数的点弧模型，并采用灵敏度分析方法对不确定参数与目标函数的关系进行了分析。

王蕊[109]研究了不确定系统可靠性的公铁多式联运模型和不确定成本、时间和需求的公铁多式联运模型，其研究表明，在一定的不确定条件下，公铁多式联运系统能够获得更好的经济优势。

不确定和模糊优化问题相关研究中，不确定性问题往往涉及时间、运输能力、运输需求等参数，在建立模糊数学模型后，主要方法是通过对不确定的变量和参数进行去模糊处理，从而实现不确定问题的求解。结合本研究特点，不确定和模糊优化问题对本研究中不确定模型的建立有较强的参考意义。

不确定性优化问题可以表示多种复杂的多式联运网络状态，洲际公铁多式联运网络中可能遇到的不确定需求的集拼问题、临时响应问题和网络拥堵等问题，均可以采用不确定性优化思路进行建模。

不确定性优化问题可以将战术层面的优化问题拓展到运营层面，尤其是模糊时间参数的表达，可以进一步拓展为带时间窗的路径优化问题。

1.3　本书研究内容

本书在既有研究基础上，系统分析了洲际公铁多式联运系统，在国际公铁联运实践中提炼了 3 类洲际公铁多式联运优化问题，提出了基于国际公铁联运的公铁多式联运路径优化这一类学术问题，随后建立了 3 类洲际公铁多式联运模型，并进行了小规模算例、大规模算例等实证分析。

1. 洲际公铁多式联运系统分析

本部分内容提炼了洲际公铁多式联运系统的运输实践问题，

结合多式联运组织模式分析，基于多式联运系统常见的优化模型，归纳总结出洲际公铁多式联运集结组织的 3 类基本问题——开行城市腹地货源的公路集结、开行城市面向全国货源地的公铁多式联运集结和不同开行城市之间集拼的公铁多式联运集结，为后续章节在此基础上展开 3 类递进的模型研究提供了理论和实践支撑。

2. 洲际公铁多式联运的公路牵引车集货优化模型设计和求解

本部分针对国际公铁联运中开行城市腹地货源的公路集结问题，设计了洲际公铁多式联运的公路牵引车集货网络，建立了基本的车辆路径优化模型，为后续优化模型的拓展和延伸提供了基础支撑。此外，本部分基于经典车辆路径优化问题，提出了洲际公铁多式联运路径优化问题的算例设计方法，并对模型进行了算例验证、求解。

3. 洲际公铁多式联运的选址路径优化模型设计和启发式算法求解

本部分提炼于中欧班列全国货源地公铁多式联运集结模式，构建了基于多式联运的双层选址路径优化模型，旨在确定最优多式联运场站选址、班列开行时间和公铁多式联运运输路径。此外，本部分设计了该问题的算例，进行了模型求解；设计了混合差分进化算法，求解了大规模算例，并基于我国西部地区中欧班列的实践案例进行了模型求解和实证分析。

4. 不确定条件下的洲际公铁多式联运选址路径优化模型设计和求解

本部分在前述研究基础上，提炼中欧班列多城市集拼和复杂集结模式，综合考虑班列运输能力和时间不确定性，构建了不确定条件下的基于公铁多式联运选址路径的优化模型，并对不确定模型进行了去模糊化处理，针对模糊机会约束规划模型，进行了算例求解，对班列运输能力和运输时间等参数进行了灵敏度分析，研究结果对洲际陆路公铁多式联运相关决策能够起到一定的指导作用。

第二章

洲际公铁多式联运系统分析

本章界定了洲际公铁多式联运优化这一学术问题，结合洲际公铁多式联运组织模式的分析，基于洲际公铁多式联运系统的常见优化模型，归纳总结出洲际公铁多式联运集结组织的 3 类基本问题——开行城市腹地货源的公路集结、开行城市面向全国货源地的公铁多式联运集结、不同开行城市之间集拼的公铁多式联运集结，并提炼了 3 类优化模型的基本架构，为 3 类递进模型提供了理论支撑。

2.1 洲际公铁多式联运优化问题的提炼和界定

洲际公铁多式联运问题是超长运距下以公路和铁路为运输方式的运输优化问题，由于具有超长运距的特点，其干线运输一般为跨亚欧大陆铁路运输，支线运输为国内公路和铁路运输。本节从洲际公铁多式联运的主要实践——大陆桥运输和中欧班列运输问题切入，提炼该问题的主要特征，界定所研究问题的适用范围和基本框架。

2.1.1 大陆桥运输实践问题分析

洲际公铁多式联运最早起源于大陆桥运输，大陆桥运输是将陆路通道作为运输桥梁，连接大陆两端海运通道的运输方式，是在以海权国家为主导的全球贸易背景下产生的。在大陆桥运输框架下，海运是主要的运输方式，国际公铁联运服务于海运组织，在此背景下先后产生了北美大陆桥和亚欧大陆桥。

北美大陆桥产生于 20 世纪 50 年代，包括 3 条主要线路：第 1 条为日本和远东—美国西海岸—美国东海岸—欧洲，全长约 3200 千米，比经巴拿马运河运输可节省 5 天的时间；第 2 条为日本和远东—美国西海岸—墨西哥沿岸—欧洲；第 3 条为日本和远东—加拿大西海岸—加拿大东海岸—欧洲。在美国实体经济逐渐向外转移和萎缩的情况下，对以北美为桥梁的货物贸易通道的需求逐步减弱，北美大陆桥运输陷入停滞状态，但北美大陆桥所形成的北美铁路基础设施网络仍然在北美洲公铁多式联运系统中发挥着重要作用。

亚欧大陆桥产生于 20 世纪 70 年代左右，包括 3 条主要线路：第 1 条为西伯利亚大陆桥，从日本和远东—俄罗斯纳霍德卡—莫斯科—西欧/北欧；第 2 条为新亚欧大陆桥，从日本和远东—连云港—阿拉山口—中亚—欧洲；第 3 条为日本和远东—天津—二连浩特—蒙古国—俄罗斯—欧洲。亚欧大陆桥最早是日韩和欧洲进行货物贸易的陆路通道，开行线路途经国家众多且铁路设施标准不统一。后来，随着支线的不断发展，亚欧大陆桥逐渐畅通，为后续中欧班列的运行提供了良好的基础设施和运营组织条件。

大陆桥运输是较早的洲际多式联运，其核心是服务位于大陆板块两端的国家和地区，依托横跨大陆的长距离的铁路运输，依靠铁路运输、公路运输、海运等多式联运实现运输组织。大陆桥运输蓬勃发展的时期是英国、美国等国家占据国际贸易主导地位的时期。2009 年以来，全球贸易格局发生重要变化，我国成为全球货物贸易第一大出口国和第二大进口国，2013 年，我国成为全球货物贸易第一大国，大陆桥运输需求减弱。同时，我国向东的地缘政治压力不断增加，西向运输通道成为"一带一路"的重要战略支撑，大陆桥运输中以"大陆"为"桥"的运输组织形式逐步被中欧班列取代。

2.1.2　中欧班列运输实践问题分析

亚欧大陆桥运输体系下形成的洲际运输基础设施和国际运输协定，为中欧班列的接续运行提供了良好的基础条件。与大陆桥运输不同，中欧班列最先发源于我国内陆城市，2011 年 3 月，中欧班列（"渝新欧"）首列列车历经 16 天抵达德国杜伊斯堡，这是开行最早的中欧班列。与大陆桥运输旨在建立大陆板块两端的陆路运输连接不同，中欧班列开行的目的是为我国内陆城市对外运输连接提供除航空运输外的直接运输通道。通过在内陆城市的国际铁路口岸进行海关查验，中欧班列使内陆城市逐步摆脱了"借港出海"的局面，拓展了我国对外开放格局。

经过多年的探索与发展，中欧班列由粗放式运输阶段迈向了高质量发展阶段，更加注重班列集约化开行和区域间统筹。

2016年6月，中国铁路正式启用中欧班列统一品牌，此后我国开往欧洲的所有中欧班列全部采用这一品牌。

2017年5月26日，中国铁路总公司①与重庆、成都、郑州、武汉、苏州、义乌、西安7家班列平台公司共同发起成立中欧班列运输协调委员会，重点协调推进一系列工作，大大优化了中欧班列开行城市之间的统筹协调和组织工作，例如，实施了中欧班列中转集结组织，开通了95306国际联运信息平台，进一步降低了班列全程运输成本，加强了对外价格谈判能力，共同推进编制了全程运行图等。

2019年8月24日，重庆、河南郑州、湖北武汉、浙江义乌和湖南长沙的中欧班列运营平台联合发布《中欧班列高质量发展倡议书》，指出各班列平台公司要着力开发高端市场，优化运输组织及货物集结分拨等各环节操作流程，有效降低运营成本，努力提升班列重载率、计划兑现率、运输安全和运输货值等指标水平，整合线路和节点，合作开行大公共班列和阶梯班列，推动中欧班

---

① 2019年6月改制成立中国国家铁路集团有限公司。

列高质量发展。

中欧班列单位标箱货值从 2015 年的 8.9 万美元/TEU^① 下降至 2018 年的 6.1 万美元/TEU，各个城市的班列虽然基本达到每列 40 余个 40 英尺集装箱开行规模要求，但货源的综合集结能力仍不强。解决货源集结能力问题，一方面，需要开拓适合中欧班列运输的货物，采用合理的公铁联运、海铁联运等方式，提高班列运输的运价和时间竞争力；另一方面，则需要统筹优化各城市开行班列，从社会总运输成本角度选取优化方案，规避不良竞争。

中欧班列的高质量发展，对班列开行组织提出了更高的要求。

从货源组织角度来看，中欧班列主要包含以下 3 种货源集结开行方式。

1. 洲际班列开行城市腹地货源的公路集结开行方式

中欧班列最早开行于重庆，服务于重庆市以惠普等企业为核心的电子信息产业发展，提供了时效性强于海运的洲际公铁多式联运方式，解决了笔记本电脑等产品向欧洲运输存在的时效性不强等问题，满足了一系列涉及电子信息产业全球供应链服务的要求。

重庆"渝新欧"班列是典型的本地货源集结班列，与本地产业紧密关联，相应的补贴政策也着眼于重庆本地，产业集群发展

---

① Twenty-foot Equivalent Unit 的缩写，是国际标准箱单位。

带来的税收等综合收益反哺中欧班列。"渝新欧"班列的货源集结方式是开行城市腹地货源的公路集结方式，由于货源主要在重庆市范围内，形成了公路集结和铁路发送的公铁多式联运组织模式。各地中欧班列开行处在最初阶段时，由于货源有限，多采用城市腹地货源的公路集结方式，如重庆、成都、郑州、武汉、苏州、义乌、长沙、合肥、沈阳、东莞、西安、兰州等开行城市。

2. 洲际班列开行城市面向全国货源地的公铁多式联运集结开行方式

各地中欧班列稳定开行后，其货源会进一步向周边甚至更远范围拓展。以重庆和成都为例，其货源不仅覆盖我国西南地区，还借助海铁联运拓展至东部沿海城市。东部沿海城市海运优势明显，但单独开行中欧班列的成本较高，运行压力较大，加入内陆城市中欧班列的网络，可以与海运优势形成有效互补，故沿海城市中欧班列发展包括自身独立开行班列和加入内陆城市班列网络两种情况。中欧班列发展至今，比较成熟的班列平台都具备集货范围较广的服务网络，内陆班列开行城市从东部沿海城市集货也可以采用铁路运输方式，这样就形成了开行城市面向全国货源地的公铁多式联运集结开行方式。

3. 洲际班列不同开行城市之间集拼的公铁多式联运集结开行方式

渝新欧、汉新欧、蓉欧快铁、郑新欧等初期由政府财政补贴支持，是目前较为稳定的开行班列，有专门的公司组织班列运输，具有较为稳定的货源，运输产品稳定，已形成了一定的市场规模，这类班列一般在装车地完成报关报检手续。但是，这类班列仍存在开行班期不定、频次不高、货物在集货点集结时间过长等问题，且各地区独立开行点对点的班列，容易造成同质化竞争。因此，应进一步优化既有中欧班列的功能，根据各班列发车班期和原始集货点到中欧班列集结中心的时间确定优化方案。

采用跨区域协同方式，班列从始发地出发，搭载出口货物集装箱和国内货物集装箱，到达开行城市后，卸下国内货物和空箱，换装上由该城市始发的出口集装箱，经由口岸驶往国外目的地，有效推动了集装箱由成列发运向成组拼装快运的转变，做到了信息前置、仓位共享、按期集货、平行作业，最大限度地提高了集装箱利用率，形成了中欧班列发展新模式，即不同开行城市之间集拼的公铁多式联运集结开行方式，该方式将是未来降低综合物流成本、实现全国班列开行统筹优化的主要发展方向。在此基础上，未来中欧班列的开行可以采用更复杂的模式，例如，在区域上，涵盖国内国外，在集装箱货物类别上，实现国际集装箱和国内集装箱的混拼，更加集约和高效地组织运输。

综上，本部分内容总结了洲际班列开行城市腹地货源的公路集结开行方式、洲际班列开行城市面向全国货源地的公铁多式联运集结开行方式和洲际班列不同开行城市之间集拼的公铁多式联运集结开行方式，这是本书第三章、第四章和第五章所研究、提炼的 3 类模型的问题来源。

2.1.3 洲际公铁多式联运优化问题的界定

1. 洲际公铁多式联运优化问题的学术界定

洲际公铁多式联运优化问题是一类运输优化问题，根据干线运输的空间尺度，本书所研究的是一类超长运距的干线运输优化问题。运输优化问题主要包括车辆路径优化和服务网络优化两类，本书重点研究洲际公铁多式联运中的车辆路径优化问题，兼顾服务网络中重要节点和线路的选择优化问题。根据第一章对国内外学术研究现状的分析，该类问题是以车辆路径优化问题和选址路径优化问题为基础进行的条件组合。首先，该类问题是一类多式联运优化问题，以公铁多式联运为核心，未来可向陆海联运拓展；其次，该类问题可按照双层优化问题进行建模和分析，双层的类别可以是公路层和铁路层，也可以是公路层和公铁联运层；最后，该类问题涉及多时间衔接和时效性要求，尤其以洲际铁路运输开行时间为关键，是一类带时间窗的优化问题。综上所述，洲际公铁多式联运优化问题可界定为一类超长运距干线运输下带时间窗的双层多式联运车辆路径/选址路径优化问题。

2. 洲际公铁多式联运优化问题的优化目标

作为一类超长运距干线运输优化问题，一方面，洲际公铁多式联运优化问题主要优化的是从运输需求起点到运输需求终点的方案，即从国内节点到国外节点的运输方案，包括运输路径、枢纽选择、班列开行等方案，可称为洲际运输方案；另一方面，要优化区域内的社会运输需求，主要体现为多式联运场站公路节点之间的运输需求，形成区域性的公路运输路径方案，该方案可称区域运输方案。

既有研究大多将洲际运输方案与区域运输方案分开研究，但在实际运输中，洲际运输方案与区域运输方案往往是不可分割的，主要体现在以下几个方面：

（1）从运输工具角度来看

洲际运输方案中的公路集货使用的是牵引车和集装箱半挂车组合形式的大型货运车辆，在一定区域范围内，这种车辆既可以服务于洲际铁路运输集货，也可以服务于区域公路节点之间的货物运输，从而在不影响洲际运输主体运输的情况下提高车辆的使用效率。

（2）从企业业务角度来看

在某区域内的业务网络中，大型物流企业需要统筹考虑洲际运输集货和区域公路运输方案，以综合成本最低为目标，整合各类货运资源，由点对点运输发展为网络化运输。

（3）从运输物流智慧化角度来看

运输物流信息平台通过整合区域货源和车辆资源，实现货源和车辆的匹配，同时，依托智慧化手段，提高区域运输物流网络的响应能力和综合决策能力，为不同运输需求的组合如洲际运输需求和区域运输需求的组合，提供基础条件。

本书所研究的洲际公铁多式联运优化问题，以洲际运输方案优化为主要目标，以区域运输方案优化为次要目标，在充分保障洲际运输方案的时效性、需求满足度等情况下，兼顾区域运输方案优化。

3. 洲际公铁多式联运优化问题面向的主体

洲际公铁多式联运优化适用于解决中欧班列的开行和优化问题，面向的主体包括国家运输政策制定和管理部门、区域运输物流平台或企业联盟，以及城市运输物流管理部门和运输物流企业。

（1）国家运输政策制定和管理部门

通过洲际公铁多式联运优化方法，基于现有的中欧班列运输市场规模，中欧班列总的枢纽节点数量和总开行列数存在一个最优值。这个最优值，一方面与生产和贸易所产生的运输需求相关，另一方面与国内公路、铁路运输通道和节点作业能力相关。科学、合理的优化方案，将为合理设置中欧班列枢纽节点、货源地以及班列开行频次提供政策制定和管理决策方面的参考，实现全国中欧班列的统筹开行，增强对外综合议价能力，降低综合成本。

（2）区域运输物流平台或企业联盟

洲际公铁多式联运优化方法可以优先实现区域层面的班列统筹开行，中欧班列已经形成以成都、重庆、西安等为开行城市的西部区域，以郑州、武汉、长沙等为开行城市的中部区域，以及东部沿海、东北等不同开行区域，处于同一开行区域的城市货源腹地和货物集结方式大体相近，而且区域层面的班列开行协调相对全国层面更容易实现，故在区域层面，以区域运输平台或企业联盟为主体的优化协调可以成为中欧班列集约开行的突破点。

（3）城市运输物流管理部门和运输物流企业

洲际公铁多式联运优化方法可以从运输经济角度为未开行班列城市的班列开行决策提供参考，也可以为开行班列城市新增班列、合并班列和优化班列等开行计划提供支撑。将产业发展和贸易发展反哺班列开行的成本计算在内，可以使洲际公铁多式联运优化更贴近区域经济发展实际，提升洲际运输活动与城市经济产业发展的联系度。

2.2　洲际公铁多式联运组织模式分析与研究

本节在洲际公铁多式联运问题界定的基础上，分析了洲际公铁多式联运中的公路运输组织、铁路运输组织、多式联运组织3种模式，以期为后续模型的提炼打好基础。

2.2.1　公路运输组织

洲际公铁多式联运系统中，公路运输是洲际铁路干线运输的支线部分，主要承担货物集结功能，这里主要以集装箱为运输单元实现货物集结，所采用的车辆形式为牵引车+集装箱半挂车的形式。

不同运输网络中的公路运输组织如表2-1所示。

表 2-1 不同运输网络中的公路运输组织

	洲际公铁多式联运网络	城际运输网络	城市配送网络
干线运输网络及运输工具	洲际铁路运输 中欧班列	城际公路运输 甩挂运输/长途单体卡车	城市配送网络 配送货车
支线集散网络及运输工具	城际公路运输 甩挂运输/长途单体卡车	城市配送运输 配送货车	末端配送网络 电动车/无人机
运输距离	万千米级	百千米级	百千米内

注：灰色部分为洲际公铁多式联运网络涉及的运输环节。

其中，甩挂运输主要包括"牵引车+半挂车"和"卡车+全挂车"两种形式，不同类型甩挂运输组织特点如表 2-2 所示。

表 2-2 不同类型甩挂运输组织特点

	牵引车+半挂车	卡车+全挂车
车辆结合特点	动力部分和载货部分可自由分离和结合	车辆两部分均可载货
车辆应用范围	城际公路运输和城市配送 半挂车可作为城市配送站	城际公路运输和城市配送 全挂车可作为城市配送站
车辆调度问题	汽车列车调度、牵引车调度、空半挂车调度	汽车列车调度、卡车调度、空全挂车调度
运输组织优势	较适用于集装箱甩挂运输	较适用于城际运输和城市配送衔接
运输组织难点	降低区域范围内牵引车和挂车整体比例，提高牵引车利用率	在符合道路运输安全条件下拖挂多台全挂车
国内推广情况	已从四批试点进入规模推广应用阶段	仍处在局部地区试点阶段

本书所涉及的牵引车和半挂车汽车列车路径优化问题，主要考虑牵引车路径和重载半挂车路径，以期实现洲际运输方案与区域运输方案的有效结合。

2.2.2 铁路运输组织

洲际公铁多式联运中，铁路运输组织主要涉及铁路列车开行方式、运输组织主体和途经节点作业方式等问题。

1. 铁路列车开行方式

铁路列车开行方式方面，班列的特点是"五定"，即定点（固定装卸地点）、定线（固定运行线路）、定次（固定班期和车次）、定时（固定到/发时间）、定价（固定运输价格），运行全程受监控，必须严格依照运行图规定的时间和地点运行，除规定地点，中途不得停车、不得上下货物，属于典型的点对点运输。班列通常分为集装箱班列和普通货物班列两类，为换装和出入境检验方便，当前中欧班列全部是集装箱班列。

2. 运输组织主体

在运输组织主体方面，随不同班列开行城市的中欧班列运输组织模式的不同而略有不同，如表 2-3 所示。

表 2-3　　　不同班列开行城市的中欧班列运输组织模式的主体

班列开行城市	运输组织模式的主体
重庆	班列平台公司全程运输协调方式。 渝新欧班列以渝新欧（重庆）物流有限公司为平台公司，股东由渝新欧（重庆）供应链管理有限公司、中铁国际多式联运有限公司（中铁多联）、哈铁快运、开放式股份公司俄罗斯铁路物流公司、全球国际货运代理（中国）有限公司组成，其全程协调工作由平台公司各股东分段负责

续　表

班列开行城市	运输组织模式的主体
郑州、成都、长沙	以郑州为例，郑欧班列以郑州国际陆港开发建设有限公司为平台公司，股东为郑州经济技术开发区管理委员会和河南中豫国际港务集团有限公司，其国内段委托中铁多联负责，国外段委托国际上的货运代理公司负责
武汉、苏州、义乌	以武汉为例，汉欧班列平台公司全程委托中铁多联负责。中铁多联国内段由自己负责，宽轨段委托哈铁快运、俄罗斯铁路集装箱股份公司负责，欧洲段委托其他国际货代公司负责
西安	国内段委托中铁多联负责，国外段发货人自行办理运输，主要开行中亚班列
营口	国内段由辽宁沈哈红运物流有限公司经营，国外段由发货人自行委托代理

3. 途经节点作业方式

途经节点作业方式方面，洲际班列铁路运输中会途经多类节点，在不同节点有不同的作业方式，如表2-4所示。

表2-4　　　洲际班列途经铁路运输节点的作业方式

节点	作业方式	代表城市
国内铁路集货站	班列铁路货物集结	厦门、福州等国内东南沿海城市
国内班列始发站	班列公铁多式联运货物集结 去程班列发送作业 去程班列海关和检验检疫查验作业 回程班列到达作业	重庆、成都、西安、郑州等中欧班列开行城市
国内班列集拼节点	去程班列集拼	乌鲁木齐

续　表

节点	作业方式	代表城市
国内口岸站	去程班列集并（以三并二为主） 回程班列海关和检验检疫查验作业 班列的边检查验作业	阿拉山口、霍尔果斯、满洲里、二连浩特等口岸节点
国外邻国口岸站	准轨转宽轨换轨作业	多斯特克、后贝加尔斯克等
国外欧洲段换轨站	宽轨转准轨换轨作业 去程班列海关和检验检疫查验作业	马拉舍维奇
国外班列终点站	去程班列到达作业 回程班列发送作业	杜伊斯堡、纽伦堡等

2.2.3　多式联运组织

多式联运在运输实践和学术研究中各有其定义，在运输实践中，其定义因所涉及的运输方式、管理机构等不同而有所不同，本部分重点探讨多式联运在学术研究中的定义。

既有的学术研究对多式联运的定义主要包括 multimodal transportation、intermodal transportation 和 co-modal transportation 3 种。

1. multimodal transportation

通过两种及两种以上运输方式实现的运输[110]，对运输单元没有限制，运输范围可以从区域运输、国内运输到更远范围的运输。

2. intermodal transportation

通过同一运输单元且经由不同运输方式完成的运输，运输过程不包括运输单元内货物的装卸作业[111]。

3. co-modal transportation

由一个个体或组织来实现的多种运输方式的组合，更强调组织效率。

本书所研究的洲际公铁多式联运，以集装箱作为固定运输单元，运输范围为洲际、国内和区域范围，涉及多个运营组织主体，故更加偏向于 multimodal transportation 和 intermodal transportation 的含义。本书所描述的洲际公铁多式联运，存在各类运输需求，分为干线和支线运输环节，如表 2-5 所示。

表 2-5　　　　　　洲际公铁多式联运的运输组织方式

运输方式	运输需求	干线/支线
公路运输	城际公路运输需求	支线运输
	洲际班列集货需求	支线运输
铁路运输	洲际班列运输需求	干线运输
	洲际班列集货需求	支线运输

2.3　洲际公铁多式联运系统优化问题分类分析

在既有的学术研究中，多式联运问题总体上可分为战略层面、战术层面和运营层面 3 类优化问题，各类优化问题有其基本的模型构建方式，在实际问题的模型提炼中，这 3 类问题可进行组合，形成多式联运战略—战术层面模型和多式联运战术—运营层面模型。本书基于洲际公铁多式联运，研究的 3 个模型从总体上属于战术层面优化模型，但各个模型特点不同，在战略和运营层面各有偏重。本节在既有学术研究分类中对洲际公铁多式联运问题进行了具体细分，以明晰本书提出的这一类洲际公铁多式联运问题的学术特点。

2.3.1　战略层面的优化问题

洲际公铁多式联运战略层面优化问题主要包括运输网络结构优化问题和枢纽选址优化问题。

1. 运输网络结构优化问题

洲际公铁多式联运网络按照所涉及运输方式和所采用运输单元的不同，可以呈现不同的网络结构形式。运输网络结构优化问题是一类战略层面的问题，但在战术层面和运营层面的问题中，需要以运输网络结构为研究基础，应先确定运输网络结构，再展开不同层面的问题。

运输网络结构优化问题主要包括图 2-1 所示的 4 种运输网络结构类型。

图 2-1 所示的 4 种运输网络结构类型，是实际运输网络的基础模块，实际运输网络是由几类基础模块组合而成的，多式联运网络尤为明显。洲际公铁多式联运优化问题中，运输网络具有图 2-1 所示的 4 类网络结构的特点。

（1）直达式运输

洲际公铁多式联运网络中的铁路运输多为直达式运输，一方

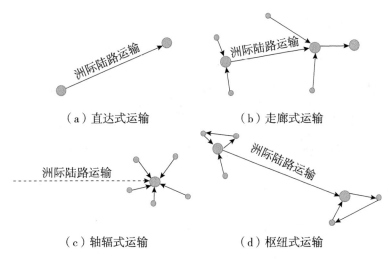

（a）直达式运输　　　　　　　（b）走廊式运输

（c）轴辐式运输　　　　　　　（d）枢纽式运输

图 2-1　运输网络结构优化问题主要包括的 4 种运输网络结构类型

面，班列采取"五定"形式，除了中途经过技术作业点，基本为直达式运输；另一方面，国内铁路运输集货时，从国内铁路集货站到班列发送站之间的运输也近似为直达式运输。

（2）走廊式运输

走廊式运输是直达式运输的复杂组合，随着洲际公铁多式联运组织能力的逐步增强，多个班列发送站之间集拼集运成为可能，形成走廊式运输。走廊式运输在区域铁路运输中较为普遍，而在洲际铁路运输中实现难度较大。

（3）轴辐式运输

轴辐式运输中，枢纽的作用较强，班列发送场站多为轴辐式运输中的枢纽节点，多个集货点向枢纽集货，形成支线运输网络。轴辐式运输中，洲际公铁多式联运一般发生在枢纽节点，此时枢纽节点起到洲际班列集货和洲际公铁多式联运衔接的双重作用。

（4）枢纽式运输

枢纽式运输包含直达式运输、走廊式运输和轴辐式运输的特点。洲际公铁多式联运枢纽节点之间的运输成为干线环节，围绕枢纽节点的运输成为支线环节，围绕枢纽节点的集货方式可以为轴辐式，也可以为枢纽式，目的都是提高运输工具使用效率。

本书研究的 3 类模型的运输网络结构分类如表 2-6 所示。

表 2-6　　　　　　　　　　3 类模型的运输网络结构分类

模型	运输网络结构分类
洲际公铁多式联运的公路牵引车集货优化模型	直达式运输、枢纽式运输（循环路径）
洲际公铁多式联运的选址路径优化模型	直达式运输、轴辐式运输、枢纽式运输
不确定条件下的洲际公铁多式联运选址路径优化模型	直达式运输、走廊式运输、轴辐式运输、枢纽式运输

2. 枢纽选址优化问题

战略层面的另一类学术问题是枢纽选址优化问题。作为洲际公铁多式联运的交会点，枢纽的选址方法主要包括独立选址和路径选址结合两类，如表 2-7 所示。

表 2-7　　　　　　　　　枢纽选址优化问题——主要方法

选址方法	适用问题	适用范围	枢纽类型
独立选址	基于经济社会的区域枢纽选址问题	较大范围内的选址	综合型枢纽
路径选址结合	运输网络中的选址问题	处于网络中的精确选址	专业型枢纽和综合型枢纽

独立选址可采用多种优化和评价方法，路径选址结合则一般

采用 SND 和 LRP 的模型构建方法实现选址。本书研究的问题属于洲际公铁多式联运的路径选址结合问题。

2.3.2　战术层面的优化问题

战术层面的优化问题是在战略层面运输网络结构和枢纽选址确定后考虑的，是对既有节点和网络的优化，主要包括网络流优化和枢纽转运优化等问题。

1. 网络流优化问题

网络流优化问题以洲际公铁多式联运网络中的商品流等优化为目标，商品流可以细分为不同类型，如普通货物、集装箱单元货物和危险品等，大部分多式联运网络中，商品流可简化为集装箱单元，通过集装箱在公路和铁路之间转运实现洲际公铁多式联运。

洲际公铁多式联运网络中，网络流优化问题体现为集装箱流的优化，主要包括国内铁路集装箱流、国内公路集装箱流和洲际铁路集装箱流。其中，国内铁路集装箱流为直达的网络流；国内公路集装箱流为循环的网络流，而且每段路径上的流量为单位集装箱流量；洲际铁路集装箱流是流量最大的集装箱流，且其流量可能存在一定的不确定性，这就为洲际公铁多式联运网络流优化、拓展提供了新的领域和思路。

洲际公铁多式联运网络的集装箱流示意见图 2-2。

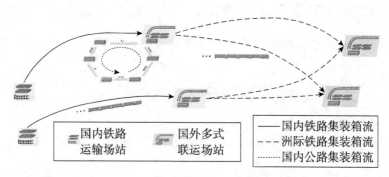

图 2-2　洲际公铁多式联运网络的集装箱流示意

2. 枢纽转运优化问题

枢纽转运优化问题主要涉及枢纽内部的多式联运转运优化和枢纽内部的作业优化，按照运输方式不同，可分为铁运、海运和空运，主要发生在与公路运输多式联运转运过程中，包含海铁联运等情况，其各自的枢纽转运优化特点如下。

（1）公路—铁路联运：场站作业优化、公铁转运优化等。

（2）公路—水路联运：港口作业优化、泊位使用优化等。

（3）公路—航空联运：客机腹舱带货作业优化、全货机作业优化等。

洲际公铁多式联运枢纽转运优化问题，主要考虑联运枢纽在公铁多式联运中的时效性、衔接性和班列集拼等方面的优化，不涉及枢纽转运操作层面的优化。

2.3.3　运营层面的优化问题

在运营层面，多式联运系统优化侧重于可操作性和规划的实时性，主要包括运输资源管理问题和路径实时规划问题，洲际公铁多式联运优化问题的算法设计成为解决实时性问题的重要研究内容。鉴于运营层面问题算法的重要性，本研究在战术—运营类模型中设计了启发式算法，实现了短时间内的高效率求解。

1. 运输资源管理问题

运输资源管理问题涉及不同类型车辆①资源的管理，其中，单体卡车可以细分为城际重型卡车和城市配送卡车，汽车列车也包括各类组合形式。因为运输工具在载货过程中与商品共同流动，所以运输资源管理问题主要用于优化运输工具空载状态时的调度，包括空半挂车调度、铁路列车调度和空集装箱调度等。

在洲际公铁多式联运网络中，空半挂车调度是城际甩挂网络的优化问题之一，假设半挂车数量足够多，不影响洲际公铁多式联运网络的干线集货过程；空集装箱调度在中欧班列实践中一般采用海运集中返回、结合返程班列返回等方式。在铁路列车、半挂车和集装箱资源足够的假设下，本研究不涉及空半挂车调度和空集装箱调度。

2. 路径实时规划问题

路径实时规划问题主要针对多式联运系统进行实时调度响应，此种情况下应以计划性的运输方案为基础并进行实时路径决策的调整，以最大限度地提高服务质量，实时反馈运输需求和路网

---

① 包括洲际班列、单体卡车和汽车列车等不同类型的车辆。

情况。

本书研究的洲际公铁多式联运网络以计划性运输方案为主，结合时效性和启发式算法，向实时规划类问题适当延伸，主要用于解决运输需求、运输能力和时间影响的不确定性。

2.4　洲际公铁多式联运系统优化问题的分解

本节通过剖析洲际公铁多式联运优化问题的双向特点，进行问题的等价分解，提炼本书后续章节所研究的 3 类模型的主要架构。

2.4.1　洲际公铁多式联运优化问题的双向特点

中欧班列实践中，包括国内向欧洲的班列开行与欧洲返程班列开行这一对问题，提炼到洲际公铁多式联运问题中，即国内铁路运输节点向国外铁路运输节点的双向运输组织问题。其中，洲际铁路运输为此问题的干线运输过程，两端为公路和铁路集货，从运输组织上来看，去程班列开行与返程班列开行互为一对镜像问题，表 2-8 描述了去程班列开行、返程班列开行和双向班列开行问题的主要特点。

表 2-8　去程班列开行、返程班列开行和双向班列开行问题的对比

	去程班列开行	返程班列开行	双向班列开行
运输网络干线	洲际铁路运输		

续 表

	去程班列开行	返程班列开行	双向班列开行
运输网络支线	公铁多式联运集货		
运输需求	干线点对点		
国内多式联运场站功能	公铁多式联运集货	公铁多式联运分拨	公铁多式联运集货和分拨
国外多式联运场站功能	公铁多式联运分拨	公铁多式联运集货	公铁多式联运集货和分拨
国内公路/铁路场站功能	向公铁多式联运场站集货	从公铁多式联运场站分拨	与公铁多式联运场站集货和分拨
国外公路/铁路场站功能	从公铁多式联运场站分拨	向公铁多式联运场站集货	与公铁多式联运场站集货和分拨

因为洲际公铁多式联运双向问题涉及的节点种类较多、规模较大，而且节点网络复杂度较高，既有研究基础较为薄弱，所以本书拟将单向问题作为研究重点，以期为双向问题的解决提供基础条件。

2.4.2 洲际公铁多式联运优化问题的分解

洲际公铁多式联运双向问题可分解为独立的单向问题，实现单向问题的数学建模、算例求解和算法设计，对于分析洲际公铁多式联运双向问题具有重要意义。

中欧班列实践中，去程班列和返程班列的开行具有很大的差异性，这体现在开行主体条件、口岸通关能力、场站作业能力、货源集结能力等多个方面，但提炼为选址和路径优化问题模型后，其差异均可体现在模型的约束量变化等方面上，这就为实际问题的分解提供了较好的基础。

为便于后续不同条件下洲际公铁多式联运复杂问题的建模和求解，基于洲际公铁多式联运正向、反向和双向问题在运输网络、运输需求、场站功能等方面的特点，这里将双向问题网络分解为单向问题网络和镜像问题网络的叠加，如图2-3所示。

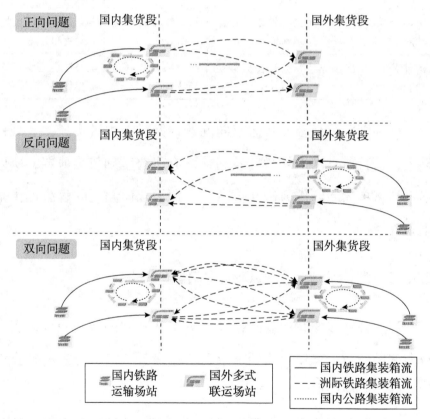

图2-3　洲际公铁多式联运优化双向问题示意

3类洲际公铁多式联运优化问题网络均可由国内公路运输场站/国内铁路运输场站—国内多式联运场站—国外多式联运场站的

形式得出，由此提炼出洲际公铁多式联运优化的单向问题。根据本章第一节对中欧班列实践的总结，对开行城市腹地货源的公路集结、开行城市面向全国货源地的公铁多式联运集结，以及不同开行城市之间集拼的公铁多式联运集结3种中欧班列开行方式进行分析，本书第三章、第四章和第五章分别提出了相应的优化模型，并针对算例进行了求解，各个模型的主要特点如表2-9所示。

表2-9　　　　　3种中欧班列开行问题和对应的模型特点

实践问题	优化模型	问题特点
开行城市腹地货源的公路集结	洲际公铁多式联运的公路牵引车集货优化模型	公路集结
开行城市面向全国货源地的公铁多式联运集结	洲际公铁多式联运的选址路径优化模型	公铁多式联运集结
不同开行城市之间集拼的公铁多式联运集结	不确定条件下的洲际公铁多式联运选址路径优化模型	不确定条件下集结班列集拼集运

第三章

洲际公铁多式联运的公路牵引车
集货优化模型设计和求解

本章针对洲际公铁多式联运中开行城市腹地货源的公路集结问题，设计了洲际公铁多式联运的公路牵引车集货网络，建立了基本的车辆路径优化模型，为后续优化模型的拓展和延伸提供了基础支撑。本章基于经典车辆路径优化问题，提出了洲际陆路公铁多式联运路径优化问题的算例设计方法，并对模型进行了算例求解。

3.1 洲际公铁多式联运的公路牵引车集货网络

本节提出了洲际公铁多式联运中的基础网络结构，通过公路牵引车向多式联运场站集货，实现洲际班列集结和发送，这是本研究后续复杂联运网络的构建基础。本研究与既有研究的不同之处，主要体现在牵引车和半挂车与洲际铁路运输的组合网络、公铁联运衔接的开行时间窗约束、洲际运输方案与区域运输方案的组合优化等方面。

3.1.1 运输网络结构与特点

1. 网络结构

本问题涉及的运输网络包含两类节点，分别为多式联运场站和公路运输场站，多式联运场站的主要功能是班列集结和发送，连接公路运输和洲际铁路运输，多式联运场站包括国内和国外两类场站，国内和国外多式联运场站之间的洲际班列运输是系统的干线运输环节，公路运输是支线集货环节。

本问题涉及的运输网络包括两类路径，分别为国内公路运输路径和洲际铁路运输路径，公路运输路径为循环路径，铁路运输路径为点对点直达路径，两类路径的衔接节点是国内多式联运场站。

本问题涉及的运输网络如图 3-1 所示，其中，a_n 为公铁多式联运场站，a_1 为洲际铁路运输起点，a_2 为洲际铁路运输终点，b_n 为国内公路运输场站，该类场站组成了车辆循环路径，循环中满足各个场站之间的货物交流，同时向 a_1 集货，a_1 还承担公路运输场站循环中的中心场站作用。

2. 网络特点

运输网络中的运输需求包括两类，一类是国内公路运输需求，另一类是洲际铁路运输需求，两类运输需求的起点均为国内公路运输场站，两类运输需求分别需要发往其他公路运输场站和国外

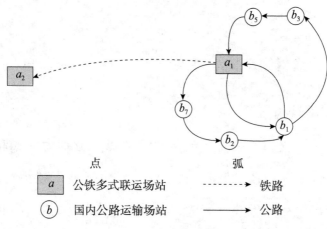

点   弧

| a | 公铁多式联运场站 | - - - - - - > | 铁路 |
| b | 国内公路运输场站 | ———> | 公路 |

图 3-1 运输网络示意

多式联运场站，其中，公路运输场站到国外多式联运场站的运输需求不可分割，即集装箱流是连续的。

  研究中在国内多式联运场站设置了班列发车时间窗，如表 3-1 所示。

表 3-1   班列发车时间窗示例

发车时间序号	班列发车时间
1st	8：00
2nd	16：00
3rd	24：00

  牵引车和半挂车组成的汽车列车可以大大提高车辆使用效率，削减单体卡车运输耗费的大量货物装卸时间。本网络采用的半挂车为集装箱半挂车，是公路甩挂运输和洲际铁路运输的衔接单元，牵引车和集装箱半挂车的组合可使动力部分和载货部分快速实现分离和结合，使牵引车在城际公路运输和向公铁多式联运场站的

洲际班列集货过程中实现路径连续，增加行驶作业的有效时间。

每台牵引车单次可以向公铁多式联运场站集货单个集装箱，最多可以组成多达 45 节集装箱的洲际班列，如图 3-2 所示。

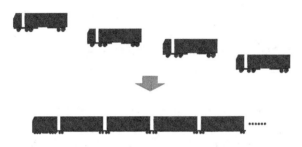

图 3-2　牵引车和半挂车组合向洲际班列集货的过程

3.1.2　基本假设

洲际公铁多式联运的公路牵引车集货网络是洲际运输系统下的一类多式联运点弧网络结构，是本书所描述的系列网络和模型的基础结构。为了便于描述和求解数学模型，下面对该网络进行基本假设：

（1）网络中存在唯一的国内公铁多式联运场站和唯一的国外公铁多式联运场站。

（2）班列的集货方式为公路甩挂运输集货。

（3）牵引车路径以国内多式联运场站为起讫点，完成甩挂运输循环。

（4）每台牵引车由两名驾驶员驾驶，保证牵引车每天有足够的运行时间。

（5）洲际公铁多式联运网络中单集装箱尺寸为 40 英尺（2

TEU）。

（6）洲际公铁多式联运系统中公路运输和联运这两类运输需求必须完全满足。

3.2　洲际公铁多式联运的公路牵引车集货模型

针对该类问题，本部分建立了混合整数线性规划（Mixed-Integer Linear Programming，简称 MILP）模型，以确定公路牵引车集货路径方案，目标是使洲际公铁联运系统的行驶路径总成本（总油耗）最低。

3.2.1　参数设定

1. 集合

集合参数设定见表 3-2。

表 3-2　　　　　　　　　　　集合参数设定

类别	集合	描述
公路	Q	牵引车集合，$q \in Q$
	L^h	公路运距集合，$l_{ij}^h \in L^h$，$i, j \in V_s$
	D^h	公路运输场站之间的集装箱运输需求，$d_{ij}^h \in D^h$，$i, j \in V_s$
铁路	N	班列集合，$n \in N$
	t_n^p	第 n 列（$n \in N$）班列发车时间集合
联运	D^f	洲际班列运输需求，$d_i^f \in D^f$，$i \in V_s$
	V_s	场站集合

2. 常量

常量参数设定见表3-3。

表3-3 常量参数设定

类别	常量	描述
公路	v^{hl}	牵引车独自行驶速度（km/h）
	v^{ht}	牵引车拖挂半挂车行驶速度（km/h）
	t^m	牵引车行驶时间上限（h）
	e_t	牵引车拖挂半挂车的百公里油耗（kg/100 km）
	e_l	牵引车独自行驶的百公里油耗（kg/100 km）
铁路	v^{rf}	洲际班列的运行速度（km/h）
	t^w	公铁多式联运场站作业时间（h）
	l^f	洲际班列运距（km）
	e_r	洲际班列单位油耗［kg/（100 km·container）］
联运	c^f	洲际班列装载的集装箱数量（个）
其他	M	非常大的正数

3. 决策变量

决策变量参数设定见表3-4。

表3-4 决策变量参数设定

类别	集合	描述
公路	x^l_{ijq}	0-1变量，当牵引车 $q \in Q$ 独自行驶经过弧 $(i, j) \in \{(i, j) \mid i, j \in V_s$ 且 $i \neq j\}$ 时取1；否则，取0
	x^t_{ijq}	0-1变量，当牵引车 $q \in Q$ 拖挂半挂车行驶经过弧 $(i, j) \in \{(i, j) \mid i, j \in V_s$ 且 $i \neq j\}$ 时取1；否则，取0
	t^s_q	非负变量，表示牵引车 $q \in Q$ 的发车时间
	t^a_{iq}	非负变量，表示牵引车 $q \in Q$ 到达场站 $i \in V_s$ 的时间

续　表

类别	集合	描述
铁路	β_n	如果第 n 列班列被选择，β_n 为 1；否则，为 0
联运	α_{in}	如果节点 $i \in V_s \setminus \{0\}$ 的洲际班列运输需求 d_i^t 由第 n 列班列服务，α_{in} 为 1；否则，为 0

3.2.2　数学模型

1. 目标函数

$$\min z = \sum_{q \in Q} \sum_{i \in V_s} \sum_{j \in V_s} (l_{ij}^h \cdot e_t \cdot x_{ijq}^t + l_{ij}^h \cdot e_l \cdot x_{ijq}^l) + \sum_{n \in N} l^f \cdot e_r \cdot \beta_n \quad (3-1)$$

本模型将公铁多式联运系统的行驶路径总成本（总油耗）最低作为目标函数，包括国内公路集货路径成本和国际铁路运输路径成本，其中，国内公路集货路径成本包括牵引车独自行驶和拖挂半挂车行驶的成本。

2. 约束条件

$$x_{ijq}^t + x_{ijq}^l \leqslant 1, \quad \forall i, j \in V_s, \ q \in Q \quad (3-2)$$

约束（3-2）表示在公路层中，每一台牵引车在每一条路径上只允许有独自行驶和拖挂半挂车行驶两种状态之一，以保证牵引车和半挂车组合的甩挂运输组织形式得以实现。

$$\sum_{i \in V_s} (x_{ijq}^t + x_{ijq}^l) = \sum_{k \in V_s} (x_{jkq}^t + x_{jkq}^l), \quad \forall j \in V_s, \ q \in Q \quad (3-3)$$

约束（3-3）表示在公路层中，牵引车路径是连续的，与前述约束共同保证牵引车完成以中心场站为起讫点的运输循环。

$$\sum_{i \in V_s} \sum_{j \in V_s} l_{ij}^h \left(\frac{x_{ijq}^t}{v^{ht}} + \frac{x_{ijq}^l}{v^{hl}} \right) \leqslant t^m, \quad \forall q \in Q \tag{3-4}$$

约束（3-4）表示在公路层中牵引车路径循环的时间约束，总时间一般受驾驶员的工作时间约束限制，牵引车在每天内完成一个运输循环，保证运输方案形成后可以在一段时间内每天重复执行。

$$t_q^s + \frac{l_{ij}^h}{v^{hl}} - M(1 - x_{jiq}^l) \leqslant t_{iq}^a, \quad \forall i \in V_s, \; j \in \{0\}, \; q \in Q \tag{3-5}$$

$$t_q^s + \frac{l_{ij}^h}{v^{hl}} + M(1 - x_{jiq}^l) \geqslant t_{iq}^a, \quad \forall i \in V_s, \; j \in \{0\}, \; q \in Q \tag{3-6}$$

约束（3-5）和约束（3-6）表示在公路层中牵引车从中心场站的发车时间和到达下一个场站的时间关系约束，其中，国内公铁联运场站编号为0。

$$t_{iq}^a + \frac{l_{ij}^h}{v^{ht}} - M(1 - x_{ijq}^t) \leqslant t_{jq}^a, \quad \forall i \in V_s \setminus \{0\}, \; j \in V_s, \; q \in Q \tag{3-7}$$

$$t_{iq}^a + \frac{l_{ij}^h}{v^{ht}} + M(1 - x_{ijq}^t) \geqslant t_{jq}^a, \quad \forall i \in V_s \setminus \{0\}, \; j \in V_s, \; q \in Q \tag{3-8}$$

$$t_{iq}^a + \frac{l_{ij}^h}{v^{hl}} - M(1 - x_{ijq}^l) \leqslant t_{jq}^a, \quad \forall i \in V_s \setminus \{0\}, \; j \in V_s, \; q \in Q \tag{3-9}$$

$$t_{iq}^a + \frac{l_{ij}^h}{v^{hl}} + M(1 - x_{ijq}^l) \geqslant t_{jq}^a, \quad \forall i \in V_s \setminus \{0\}, \; j \in V_s, \; q \in Q \tag{3-10}$$

约束（3-7）至约束（3-10）表示在公路层中牵引车从非中心场站出发和到达下一个场站的时间关系约束。

$$\sum_{q \in Q} x_{ijq}^{t} = d_{ij}^{h}, \quad \forall i, j \in V_s \setminus \{0\} \tag{3-11}$$

约束（3-11）表示在公路层中，国内公路运输场站间的运输需求被完全满足。

$$\sum_{q \in Q} x_{ijq}^{t} = d_{i}^{f}, \quad i \in V_s \setminus \{0\}, \ j \in \{0\} \tag{3-12}$$

约束（3-12）表示国内公路运输场站和国外多式联运场站间的需求被完全满足，国际班列运输由国内多式联运场站 j 完成。

$$t_{jq}^{a} \leqslant t_n^p - t^w + M(2 - x_{ijq}^t - \alpha_{in}),$$

$$\forall i \in V_s \setminus \{0\}, \ j \in \{0\}, \ q \in Q, \ n \in N \tag{3-13}$$

约束（3-13）是公铁多式联运时间衔接约束，表示集装箱需要在班列发车整备时间之前到达国内多式联运场站。

$$\sum_{n \in N} \alpha_{in} = 1, \quad \forall i \in V_s \tag{3-14}$$

约束（3-14）表示国内公路运输场站和国外公铁多式联运场站间的国际公铁多式联运需求由且仅由某一国内多式联运场站的某一班列完成。

$$\sum_{i \in V_s} \alpha_{in} \cdot d_i^h \leqslant c^f, \quad \forall n \in N, \ \forall i \in V_s \setminus \{0\} \tag{3-15}$$

约束（3-15）是公铁多式联运运输能力的衔接约束，表示由国内公路运输场站发送至国内多式联运场站后，某一班列发送的集装箱数量总和需要与班列最大承载能力相符合。

$$|V_s| \cdot \beta_n \geqslant \sum_{i \in V_s} \alpha_{in}, \quad \forall n \in N, \ \forall i \in V_s \setminus \{0\} \tag{3-16}$$

约束（3-16）定义了变量 β_n，表示国内多式联运场站发往国外多式联运场站的第 n 趟班次是否被采用。

3.3 洲际公铁多式联运的公路牵引车集货算例设计

为验证本章提出的模型的有效性，下面基于既有研究方法设计了模型的随机算例，以期通过求解生成的大量随机算例，充分检验模型对于不同运输网络和不同运输需求的适应性。

3.3.1 算例设计方法

1. VRP 基准算例

Christofides[112] 提出了 14 个 VRP 基准算例，其目标函数为运输系统的总运距最短。

VRP 基准算例中给出的初始条件包括中心场站、客户点的坐标、客户点的运输需求、单位车辆载货容量等。

VRP 基准算例具有如下特点：

（1）运输网络上有 1 个中心场站和若干客户点，中心场站上没有运输需求，客户点上有运输需求；每个客户点上的运输需求都小于单位车辆的载货容量，即一台车可以服务多个客户点，且客户点只接收货物、不发送货物。

（2）车辆为单体卡车，在每个客户点进行卸货作业，故在卡车路线上卡车的载货重量越来越小；卡车从中心场站出发，完成货物运输服务后回到中心场站，即每条卡车路线上的首末点均为中心场站。

2. TTRP 基准算例

TTRP 基准算例是由 VRP 基准算例演变而来的，其具有如下特点：

（1）运输网络上有 1 个中心场站和若干客户点，客户点分为整车客户点和卡车客户点。

（2）每台汽车列车的行驶路线都可以包括汽车列车路线和卡车路线两种，在汽车列车路线上的某一点进行卡车和全挂车的分离作业，卡车以该点为首末点完成卡车路线。

TTRP 基准算例的生成方式：在 VRP 基准算例的坐标及需求的初始条件上，对客户点进行卡车点和汽车列车点的区分，目标函数为路线方案，即车辆行驶的总运距。

3.3.2　本问题的算例设计

既有的 VRP 和 TTRP 基准算例大多以运距最短作为目标函数，本模型将行驶路径总成本（总油耗）最低作为目标函数，计算方法为运距乘以运输工具的单位油耗。

1. 本问题基准算例特点

（1）运输网络上有 3 类节点，分别为国内公路运输节点、国内公铁多式联运节点和国外公铁多式联运节点。

（2）运输需求包括公路节点之间的需求，以及国内公路节点到国外公铁多式联运节点的需求。

（3）牵引车以国内公铁多式联运节点为甩挂运输中心场站，

74

牵引车从中心场站出发，完成货物运输服务后回到中心场站，即每条牵引车路线上的首末点均为中心场站。

（4）运输需求以 40 英尺集装箱为单元。

2. 本问题基准算例生成步骤

（1）联运网络运距生成

本问题的洲际公铁多式联运网络，需要生成两类运距参数和矩阵，其中，运距的范围是 5000 km ~ 14000 km。公路运距矩阵中，l_{ij}^h 按照路径中不包含多式联运场站和路径中包含多式联运场站两种情况设定范围：

$$l_{ij}^h = \begin{cases} [100,\ 200]\ \text{km} & i \in V_s \setminus \{0\} \\ [150,\ 300]\ \text{km} & i \in V_s \setminus \{0\},\ j \in \{0\} \end{cases} \tag{3-17}$$

（2）运输需求生成

本问题的运输需求包括公路运输需求 d^h 和联运需求 d^f 两类，其中，d^h 的范围是 0~5 个集装箱，d^f 的范围是 0~10 个集装箱。

本问题随机算例中运距和需求示意见图 3-3。

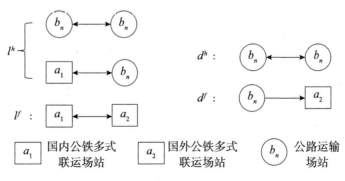

图 3-3 随机算例运距和需求示意

3.4 洲际公铁多式联运的公路牵引车集货算例求解

3.4.1 参数设置

洲际公铁多式联运公路牵引车集货模型的参数设置如下：

（1）牵引车拖挂半挂车行驶的燃油消耗率是 0.32 L/km，牵引车独自行驶的燃油消耗率为 0.18 L/km，洲际班列的燃油消耗率为每集装箱 0.44 L/km。

（2）根据公路牵引车行驶的实际情况，v^{hl} 和 v^{ht} 的取值分别为 60 km/h 和 50 km/h，每台牵引车由两名驾驶员操作，考虑到每名驾驶员的工作时间，故 t^m 取 12 h。

（3）根据中欧班列开行的实际情况，班列平均运行速度取 40 km/h；按照目前中欧班列载箱量的平均值，每列班列的集装箱承载能力为 42 个集装箱；班列发车频率为每天 3 次，间隔时间为 8 h。

3.4.2 算例求解

本部分应用 CPLEX 12.8 对 MILP 模型进行求解，运行条件是 Intel（R）Core（TM）i5-6200U 2.3 GHz 处理器、8 GB 内存和 Windows 10 系统。

本部分求解了 instance-a、instance-b、instance-c 和 instance-d 4 组共 40 个算例，表 3-5 表示算例 instance-a_7 和 instance-d_9 的服务方案，重点展示了班列发车时间和集装箱数量。算例 instance-a_7 中，洲际公铁多式联运集装箱需求量为 26 个，通过一列班列即可完成发送；算例 instance-d_9 集装箱需求量为 44 个，需要由两列班列完成发送，见表 3-5 所示的分配方案。

表 3-5　　　算例求解结果的班列发车时间和集装箱数量

算例编号	公路运输场站编号	洲际班列发车时间	集装箱数量/个
instance-a_7	1	8：00	26
	2		
	3		
	4		
instance-d_9	1	24：00	29
	2		
	3		
	7		
	4	16：00	15
	5		
	6		

由于本模型是洲际公铁多式联运的公路牵引车集货优化模型，未考虑公路场站间的运输需求，也不包含铁路和公路合作的集结方式，故在需求规模不大的情况下，会导致班列运输能力的"盈余"，这也与我国中欧班列开行前期货源较少且集结方式较为单一的情况相符。

表 3-6 展示了 4 组共 40 个算例的求解结果，4 组算例分别有 4、5、6 和 7 个公路运输场站。求解结果包含了是否为最优解、

牵引车数量和运算时间，求解时间最长设定为1h，部分算例由于运输网络结构复杂且运输需求较难满足而求解时间较长。

表 3-6　　　　　　　　　　4 组算例的求解结果

算例编号	公路运输场站数量/个	燃油消耗/kg	是否为最优解（Yes/No）	牵引车数量/台	运算时间/s
instance-a	4	3.62×10^6	Y	29	0.69
		2.81×10^6	Y	27	1.41
		2.61×10^6	Y	18	336.01
		2.71×10^6	Y	19	0.78
		2.38×10^6	Y	17	0.80
		2.99×10^6	Y	28	1.04
		3.19×10^6	Y	26	1.31
		2.15×10^6	Y	19	815.56
		2.88×10^6	Y	17	22.71
		2.25×10^6	Y	15	0.53
instance-b	5	3.95×10^6	Y	30	2778.92
		4.48×10^6	Y	36	4.35
		3.36×10^6	Y	26	0.78
		4.07×10^6	N	26	3600.13
		3.72×10^6	Y	24	4.71
		3.83×10^6	Y	32	7.80
		3.95×10^6	Y	32	4.50
		3.45×10^6	Y	28	3.69
		4.44×10^6	Y	25	5.77
		4.13×10^6	Y	36	4.11

算例编号	公路运输场站数量/个	燃油消耗/kg	是否为最优解（Yes/No）	牵引车数量/台	运算时间/s
instance-c	6	6.17×10^6	Y	36	25.60
		5.25×10^6	N	37	3600.41
		4.27×10^6	N	25	3600.23
		5.16×10^6	Y	32	18.07
		5.94×10^6	N	46	3600.19
		5.49×10^6	Y	40	25.11
		4.65×10^6	Y	28	47.58
		6.27×10^6	N	42	3600.25
		6.19×10^6	Y	43	52.36
		4.35×10^6	N	28	3600.32
instance-d	7	6.84×10^6	Y	42	229.91
		7.06×10^6	Y	48	202.83
		6.89×10^6	N	45	3600.24
		4.99×10^6	Y	32	50.91
		6.26×10^6	Y	37	111.03
		7.82×10^6	Y	59	140.68
		6.08×10^6	Y	33	2373.54
		5.64×10^6	Y	34	23.29
		7.05×10^6	N	44	3601.42
		7.05×10^6	N	42	3600.37

结果表明，牵引车数量可在一定程度上反映公路运输网络的复杂性，77.5%的算例在 1h 内可以求得最优解，但 CPLEX 求解大规模运输网络算例的能力较弱，在这方面，启发式算法是更可靠的方法。

第四章

洲际公铁多式联运的选址路径优化
模型设计和启发式算法求解

本章以中欧班列开行城市面向全国货源地的公铁多式联运集结模式为基础，构建了基于多式联运的双层选址路径优化模型，旨在确定最优多式联运场站地址、班列开行时间和公铁多式联运路径。本章设计了该问题的算例，设计了混合差分进化算法，求解了大规模算例，并基于我国西部地区中欧班列的实践进行了模型求解和实证分析。

4.1　洲际公铁多式联运网络

本节提出了以洲际运输方案和区域运输方案相结合为目标的洲际公铁多式联运网络，洲际铁路运输货源采用公铁联运集结方式组织，点对点直达运输，这在运输需求构成和运输组织结构等方面与既有研究有所不同。

4.1.1 多式联运网络结构

1. 双层运输网络

本部分基于 2E-LRP 和 2E-VRP，构建了双层运输网络。

铁路层运输网络线路包括国内段铁路和国际段铁路，铁路层运输网络节点包括国内铁路运输场站、公铁多式联运衔接节点——国内多式联运场站和国外多式联运场站。

公路层运输网络线路为国内公路线路，公路层运输网络节点包括国内公路运输场站和国内多式联运场站。

双层运输网络如图 4-1 所示。

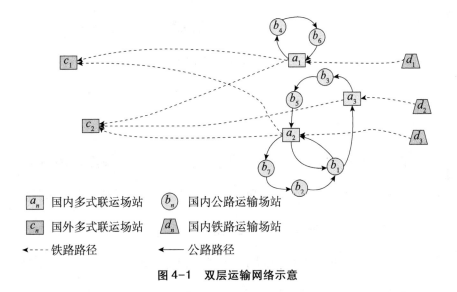

a_n 国内多式联运场站		b_n 国内公路运输场站	
c_n 国外多式联运场站		d_n 国内铁路运输场站	
◄---- 铁路路径		◄—— 公路路径	

图 4-1 双层运输网络示意

作为双层运输网络的衔接节点，国内多式联运场站承担着国内公路运输集货、国内铁路运输集货和国际铁路运输发货的功能。

在本问题中，国内多式联运场站也承担着牵引车路径中的中心场站功能。

双层运输网络中各类节点的功能如表 4-1 所示。

表 4-1　　　　　　　　双层运输网络中各类节点的功能

场站类型	英文简写	功能
国内公路运输场站	DHS	城际公路运输 向 DMS 集货
国内铁路运输场站	DRS	向 DRS 集货
国内多式联运场站	DMS	班列集结和发送
国外多式联运场站	FMS	班列接收

本问题运输需求通过公路集装箱甩挂运输和铁路集装箱运输实现，综合考虑洲际班列运输和公路甩挂运输的标准化要求和互换性要求，将 40 英尺集装箱作为运输单元，运输过程不涉及掏装箱环节。

2. 运输需求

洲际公铁多式联运集货问题中，国际铁路运输需求为点对点需求，通过国内发货城市—班列开行城市—国外目的地，即国内铁路/公路运输场站—国内多式联运场站—国外多式联运场站的方式实现。其中，通过国内铁路运输场站发货时，集装箱先由铁路运输到国内多式联运场站，再等待集结为整列班列后发出；通过国内公路运输场站发货时，集装箱需先通过公路牵引车运抵国内多式联运场站，再等待集结为整列班列后发出。

本问题区别于一般性公铁集货问题的显著特点是考虑了公路牵引车自身的运输循环，牵引车在运输循环中不仅服务于国际班列货物集结，也服务于区域公路货物运输，将洲际运输的公铁集货过程与区域城际运输网络统一考虑，提高了牵引车的使用效率，降低了社会运输成本。

运输需求构成中，主要的运输需求为洲际班列集货需求，次要的运输需求为公路节点之间的运输需求（国内城际运输需求），如表4-2所示。

表4-2　　　　　　　　　　双层运输网络中的各类运输需求

运输需求起点	运输需求终点	运输需求类型
公路	公路	国内城际运输需求
公路	铁路	洲际班列集货需求
铁路	铁路	洲际班列集货需求

4.1.2　基本假设

该洲际公铁多式联运网络中，集装箱经由公路运输和铁路运输方式运至目的地，包括由国内铁路运输场站发送的集装箱直达国内多式联运场站后经班列发送至目的地，以及由国内公路运输场站发送的集装箱经由公路甩挂运输到国内多式联运场站后经班列发送至目的地两种情况。针对该洲际公铁多式联运系统，本书作如下假设：

（1）牵引车路径以国内多式联运场站为起讫点，完成甩挂运输循环。

（2）每台牵引车由两名驾驶员驾驶，保证牵引车每天有足够的运行时间。

（3）洲际公铁多式联运网络中单集装箱尺寸为 40 英尺（2 TEU），国内铁路运输场站发出的集装箱流不可拆分。

（4）洲际公铁多式联运系统中的各类运输需求必须完全满足。

（5）忽略运输场站作业产生的碳排放，忽略甩挂运输作业消耗的时间。

4.2 洲际公铁多式联运选址路径优化模型

本模型旨在求解洲际公铁多式联运路径优化方案，该优化方案以洲际铁路路径、公路牵引车路径和国内铁路路径方案为主体，包括公铁联运场站选择方案和班列发车时刻选择方案，与经典的双层选址路径优化问题类似。

4.2.1 参数设定

1. 集合

集合参数设定见表 4-3。

表 4-3 集合参数设定

集合	描述
V	网络中节点集合，$V = V_{dm} \cup V_{dh} \cup V_{dr} \cup V_{fm}$
V_{dm}	国内多式联运场站集合
V_{dh}	国内公路运输场站集合
V_{dr}	国内铁路运输场站集合
V_{fm}	国外多式联运场站集合
Q	牵引车集合，$q \in Q$
N	某一公铁多式联运场站的班列集合，$n \in N$
l^h	国内公路运距集合；$l^h_{ij} \in L^h$；$i, j \in V_{dh} \cup V_{dm}$
L^r	国内铁路运距集合；$l^r_{ij} \in L^r$，$i \in V_{dr}$，$j \in V_{dm}$
L^f	国际铁路运距集合；$l^f_{jk} \in L^f$，$j \in V_{dm}$，$k \in V_{fm}$
D^h	国内公路运输场站间的运输需求集合；$d^h_{ij} \in D^h$；$i, j \in V_{dh}$
D^f	国内公路运输场站和国外多式联运场站的运输需求集合；$d^f_{ik} \in h^f$；$i \in V_{dh}$，$k \in V_{fm}$
D^r	国内铁路运输场站和国外多式联运场站的运输需求集合；$d^r_{ik} \in D^r$，$i \in V_{dr}$，$k \in V_{fm}$
t^p_{jkn}	国内多式联运场站 $j(j \in V_{dm})$ 到国外多式联运场站 $k(k \in V_{fm})$ 的第 $n(n \in N)$ 趟班次发车时间

2. 常量

常量参数设定见表 4-4。

表 4-4 常量参数设定

常量	描述
v^{hl}	牵引车独自行驶时的平均行驶速度
v^{ht}	牵引车拖挂半挂车时的平均行驶速度
v^{rd}	国内段铁路运输平均速度
v^{rf}	国际段铁路运输平均速度
t^m	牵引车每个循环的行驶时间上限

续　表

常量	描述
t^w	班列编组作业时间
c^f	国际班列装载集装箱最大数量（42 个 40 英尺集装箱）
M	足够大的正整数
e_t	牵引车拖挂行驶的碳排放因子
e_l	牵引车独自行驶的碳排放因子
e_r	铁路运输的碳排放因子

3. 决策变量

决策变量参数设定见表 4-5。

表 4-5　　　　　　　　　　决策变量参数设定

决策变量	描述
x^l_{ijq}	0-1 变量，牵引车 $q \in Q$ 独自行驶，经过弧 $(i, j) \in \{(i, j) \mid i, j \in V_{dm} \cup V_{dh}$ 且 $i \neq j\}$ 时，取 1；否则，取 0
x^t_{ijq}	0-1 变量，牵引车 $q \in Q$ 拖挂半挂车行驶，经过弧 $(i, j) \in \{(i, j) \mid i, j \in V_{dm} \cup V_{dh}$ 且 $i \neq j\}$ 时，取 1；否则，取 0
ε_{jq}	0-1 变量，牵引车 $q \in Q$ 自点 $j \in V_{dm}$ 出发时，取 1；否则，取 0
α_{ijkn}	0-1 变量，当国内公路运输场站 $i \in V_{dh}$ 发往国外多式联运场站 $k \in V_{fm}$ 的货物由国内多式联运场站 $j \in V_{dm}$ 的第 n 趟班次运输时，取 1；否则，取 0
β_{ijkn}	0-1 变量，当国内铁路运输场站 $i \in V_{dr}$ 发往国外多式联运场站 $k \in V_{fm}$ 的货物由国内多式联运场站 $j \in V_{dm}$ 的第 n 趟班次运输时，取 1；否则，取 0
y_{jkn}	0-1 变量，当国内多式联运场站 $j \in V_{dm}$ 发往国外多式联运场站 $k \in V_{fm}$ 的第 n 趟班次被采用时，取 1；否则，取 0
t^s_q	非负变量，表示牵引车 $q \in Q$ 的发车时间
t^a_{iq}	非负变量，表示牵引车 $q \in Q$ 到达国内公路运输场站或国内多式联运场站 $i \in V_{dm} \cup V_{dh}$ 的时间

4.2.2 数学模型

1. 目标函数

$$\min z = \sum_{q \in Q} \sum_{i \in V_{dm} \cup V_{dh}} \sum_{j \in V_{dm} \cup V_{dh}} (l_{ij}^h \cdot e_t \cdot x_{ijq}^t + l_{ij}^h \cdot e_l \cdot x_{ijq}^l) +$$

$$\sum_{n \in N} \sum_{i \in V_{dr}} \sum_{j \in V_{dm}} \sum_{k \in V_{fm}} (l_{ij}^r \cdot e_r \cdot \beta_{ijkn}) + \sum_{n \in N} \sum_{j \in V_{dm}} \sum_{k \in V_{fm}} (l_{jk}^f \cdot e_r \cdot y_{jkn}) \quad (4\text{-}1)$$

公铁多式联运、TSRP（对牵引车和半挂车组合的优化运用问题）及其衍生问题多将总成本最低或碳排放最少作为目标函数。公铁多式联运相关研究表明，公路货运在全社会货运系统中占据了很高的碳排放比例，公铁多式联运可以减少高达 77.4% 的碳排放[113]，在欧洲等发达国家或地区的运输行业发展规划中，减少碳排放已经成为未来运输发展的重要目标之一[114]。与 TSRP 有关的既有研究大多将碳排放最少作为重要的目标函数，包括单位流量 TSRP[115] 和多对多需求的 TSRP[116] 等。

本模型将碳排放最少作为洲际公铁多式联运选址路径优化模型的目标函数，一方面，契合未来运输发展趋势，另一方面，体现了公铁多式联运、牵引车和半挂车组合的绿色运输特点。本模型以公铁多式联运系统中行驶路径的碳排放最少为目标函数，具体来说包括牵引车拖挂半挂车和牵引车独自行驶的碳排放、国内铁路运输的碳排放以及国际铁路运输的碳排放 3 个部分。

2. 约束条件

$$x_{ijq}^t + x_{ijq}^l \leq 1, \ \forall i \in V_{dm} \cup V_{dh}, j \in V_{dm} \cup V_{dh}, q \in Q \quad (4\text{-}2)$$

约束（4-2）表示在公路层中，每台牵引车在每条路径上只允许有独自行驶和拖挂半挂车行驶两种状态之一，这保证了牵引车和半挂车组合的甩挂运输组织形式的实现。

$$\sum_{i \in V_{dm} \cup V_{dh}} (x_{ijq}^t + x_{ijq}^l) - M(1 - \varepsilon_{jq}) \leqslant \varepsilon_{jq}, \quad \forall j \in V_{dm}, \; q \in Q \quad (4\text{-}3)$$

$$\sum_{i \in V_{dm} \cup V_{dh}} (x_{ijq}^t + x_{ijq}^l) + M(1 - \varepsilon_{jq}) \geqslant \varepsilon_{jq}, \quad \forall j \in V_{dm}, \; q \in Q \quad (4\text{-}4)$$

约束（4-3）和约束（4-4）表示在公路层中，每台牵引车需要从某一场站出发并回到该场站，即需要从中心场站完成一个运输循环。这两条约束采用大 M 法的表示形式，使模型线性化。

$$\sum_{i \in V_{dh}} x_{jiq}^l - M(1 - \varepsilon_{jq}) \leqslant \varepsilon_{jq}, \quad \forall j \in V_{dm}, \; q \in Q \quad (4\text{-}5)$$

$$\sum_{i \in V_{dh}} x_{jiq}^l + M(1 - \varepsilon_{jq}) \geqslant \varepsilon_{jq}, \quad \forall j \in V_{dm}, \; q \in Q \quad (4\text{-}6)$$

约束（4-5）和约束（4-6）表示在公路层中，假设中心场站与其他国内公路运输场站间无货运需求，只有运输组织功能，牵引车从中心场站出发时需要独自行驶至下一条路径。对于本条假设，实际问题中，中心场站所在地区若产生公路运输场站间的货运需求，则可在网络中与中心场站相同位置增加一般性的国内公路运输场站，进而实现货运功能。

$$\sum_{j \in V_{dm}} \varepsilon_{jq} = 1, \quad \forall q \in Q \quad (4\text{-}7)$$

约束（4-7）表示在公路层中，每台牵引车有且仅有 1 个中心场站。在本问题中，为保证公铁多式联运衔接顺畅，更符合运输实际，中心场站从国内多式联运场站中选择，国内多式联运场站是本问题公铁多式联运系统中公路和铁路的运输组织中心。

$$\sum_{i \in V_{dm} \cup V_{dh}} (x^t_{ijq} + x^l_{ijq}) = \sum_{k \in V_{dm} \cup V_{dh}} (x^t_{jkq} + x^l_{jkq}), \quad \forall j \in V_{dm} \cup V_{dh}, \; q \in Q$$

$$(4\text{-}8)$$

约束（4-8）表示在公路层中，牵引车路径是连续的，该约束与前述约束共同保证了牵引车以中心场站为起讫点的运输循环的完成。

$$\sum_{i \in V_{dm} \cup V_{dh}} \sum_{j \in V_{dm} \cup V_{dh}} l^h_{ij} \left(\frac{x^t_{ijq}}{v^{ht}} + \frac{x^l_{ijq}}{v^{hl}} \right) \leqslant t^m, \quad \forall q \in Q \qquad (4\text{-}9)$$

约束（4-9）是公路层中牵引车路径循环的时间约束，总时间一般受驾驶员的工作时间约束限制，这使牵引车得以在每天完成一个运输循环，并能保证运输方案形成后可以在一段时间内每天重复执行。

$$\sum_{q \in Q} x^t_{ijq} = d^h_{ij}, \quad \forall i \in V_{dh}, \; j \in V_{dm} \qquad (4\text{-}10)$$

约束（4-10）表示在公路层中，国内公路运输场站间的运输需求被完全满足。

$$t^s_q + \frac{l^h_{ij}}{v^{hl}} - M(2 - \varepsilon_{jq} - x^l_{ijq}) \leqslant t^a_{iq}, \quad \forall i \in V_{dh}, \; j \in V_{dm}, \; q \in Q \quad (4\text{-}11)$$

$$t^s_q + \frac{l^h_{ij}}{v^{hl}} + M(2 - \varepsilon_{jq} - x^l_{ijq}) \geqslant t^a_{iq}, \quad \forall i \in V_{dh}, \; j \in V_{dm}, \; q \in Q \quad (4\text{-}12)$$

约束（4-11）和（4-12）是公路层中牵引车从中心场站出发和到达下一场站的时间关系约束。

$$t_{iq}^a + \frac{l_{ij}^h}{v^{ht}} - M(1 - x_{ijq}^t) \leqslant t_{jq}^a, \quad \forall i \in V_{dh}, \ j \in V_{dm} \cup V_{dh}, \ q \in Q \quad (4\text{-}13)$$

$$t_{iq}^a + \frac{l_{ij}^h}{v^{ht}} + M(1 - x_{ijq}^t) \geqslant t_{jq}^a, \quad \forall i \in V_{dh}, \ j \in V_{dm} \cup V_{dh}, \ q \in Q \quad (4\text{-}14)$$

$$t_{iq}^a + \frac{l_{ij}^h}{v^{hl}} - M(1 - x_{ijq}^l) \leqslant t_{jq}^a, \quad \forall i \in V_{dh}, \ j \in V_{dm} \cup V_{dh}, \ q \in Q$$

$$(4\text{-}15)$$

$$t_{iq}^a + \frac{l_{ij}^h}{v^{hl}} + M(1 - x_{ijq}^l) \geqslant t_{jq}^a, \quad \forall i \in V_{dh}, \ j \in V_{dm} \cup V_{dh}, \ q \in Q \quad (4\text{-}16)$$

约束（4-13）至约束（4-16）是公路层中牵引车从非中心场站出发和到达下一场站的时间关系约束。

$$t_{iq}^a + \frac{l_{ij}^h}{v^{ht}} - M(2 - x_{ijq}^t - \varepsilon_{iq}) \leqslant t_{jq}^a, \quad \forall i \in V_{dm}, \ j \in V_{dm} \cup V_{dh}, \ q \in Q$$

$$(4\text{-}17)$$

$$t_{iq}^a + \frac{l_{ij}^h}{v^{ht}} + M(2 - x_{ijq}^t - \varepsilon_{iq}) \geqslant t_{jq}^a, \quad \forall i \in V_{dm}, \ j \in V_{dm} \cup V_{dh}, \ q \in Q$$

$$(4\text{-}18)$$

$$t_{iq}^a + \frac{l_{ij}^h}{v^{hl}} - M(2 - x_{ijq}^t - \varepsilon_{iq}) \leqslant t_{jq}^a, \quad \forall i \in V_{dm}, \ j \in V_{dm} \cup V_{dh}, \ q \in Q$$

$$(4\text{-}19)$$

$$t_{iq}^a + \frac{l_{ij}^h}{v^{hl}} + M(2 - x_{ijq}^t - \varepsilon_{iq}) \geqslant t_{jq}^a, \quad \forall i \in V_{dm}, \ j \in V_{dm} \cup V_{dh}, \ q \in Q$$

$$(4\text{-}20)$$

约束（4-17）至约束（4-20）表示，在公路层中，牵引车完成的运输需求包括国内公路运输场站间的需求和国内公路运输场站到国外多式联运场站间的需求，若完成后者，则可能出现牵引车路径循环中途经国内多式联运场站的情况。该国内多式联运场站可能为中心场站，该系列约束表示为完成公铁多式联运需求而途经中心场站时牵引车从中心场站出发和到达下一个场站的时间关系约束。

$$\sum_{q \in Q} x_{ijq}^t - M(1 - \alpha_{ijkn}) \leqslant d_{ik}^f, \quad \forall\, n \in N,\ i \in V_{dh},\ j \in V_{dm},\ k \in V_{fm}$$
$$(4-21)$$

$$\sum_{q \in Q} x_{ijq}^t + M(1 - \alpha_{ijkn}) \geqslant d_{ik}^f, \quad \forall\, n \in N,\ i \in V_{dh},\ j \in V_{dm},\ k \in V_{fm}$$
$$(4-22)$$

约束（4-21）和约束（4-22）表示国内公路运输场站 i 和国外多式联运场站 k 间的需求被完全满足，国际班列运输由国内多式联运场站 j 的第 n 次班列完成。

$$t_{jq}^a \leqslant t_{jkn}^p - t^w + M(2 - x_{ijq}^t - \alpha_{ijkn}), \quad \forall\, i \in V_{dh},\ j \in V_{dm},\ k \in V_{fm},$$
$$q \in Q,\ n \in N \qquad (4-23)$$

约束（4-23）是公铁多式联运时间衔接约束，表示由国内公路运输场站发出的集装箱需要在班列发车整备时间之前到达国内多式联运场站。模型默认铁路为直达运输，可以按时到达国内多式联运场站。

$$\sum_{n \in N} \sum_{j \in V_{dm}} \alpha_{ijkn} = 1, \quad \forall\, i \in V_{dh},\ k \in V_{fm} \qquad (4-24)$$

约束（4-24）表示国内公路运输场站和国外公铁多式联运场站间的国际公铁多式联运需求由且仅由某一国内多式联运场站的某一班列完成。

$$\sum_{n \in N} \sum_{j \in V_{dm}} \beta_{ijkn} = 1, \quad \forall i \in V_{dr}, \ k \in V_{fm} \qquad (4-25)$$

约束（4-25）表示国内铁路运输场站和国外公铁多式联运场站间的国际铁路运输需求由且仅由某一国内多式联运场站的某一班列完成。

$$\sum_{i \in V_{dh}} \alpha_{ijkn} \cdot d_{ik}^{f} + \sum_{i \in V_{dr}} \beta_{ijkn} \cdot d_{ik}^{r} \leqslant c^{f}, \quad \forall n \in N, \ j \in V_{dm}, \ k \in V_{fm} \ (4-26)$$

约束（4-26）是公铁多式联运的运输能力衔接约束，表示由国内公路运输场站和国内铁路运输场站经某班列发送的集装箱数量总和不能超过班列最大承载能力。

$$y_{jkn} \geqslant \frac{\sum_{i \in V_{dh}} \alpha_{ijkn} + \sum_{i \in V_{dr}} \beta_{ijkn}}{|V_{dh}| + |V_{dr}|}, \quad \forall j \in V_{dm}, \ k \in V_{fm}, \ n \in N \qquad (4-27)$$

约束（4-27）定义了变量 y_{jkn}，表示国内多式联运场站 $j (j \in V_{dm})$ 发往国外多式联运场站 $k (k \in V_{fm})$ 的第 n 趟班次是否被采用。

与既有研究成果相比，本模型主要有如下特点：

（1）模型分为公路层、铁路层和公铁多式联运层进行约束条件描述，各层之间通过时间衔接和运输能力匹配约束联系。

（2）模型包括 3 类集装箱运输需求，分别是国内公路运输场站间的需求、国内公路运输场站和国外公铁多式联运场站间的需求，以及国内铁路运输场站和国外公铁多式联运场站间的需求。

（3）模型采用 VRP 中点弧模型的思想解决涉及国内公路运输场站的需求问题，采用分配问题的思想解决国内铁路运输场站和国外公铁多式联运场站间的需求问题。

4.3　洲际公铁多式联运选址路径优化模型算例设计和求解

4.3.1　算例设计

本章问题在第三章洲际公铁多式联运算例设计思路基础上进行了拓展。

1. 公铁多式联运网络生成

本问题下，洲际公铁多式联运网络中，国际铁路运距的范围是 5000 km~14000 km；国内铁路运输网络中，根据铁路运输和公路运输在不同运距中的竞争力情况，国内铁路运距的范围为 600 km~2000 km。l_{ij}^h 按照如下两种情况设定其范围：

$$l_{ij}^h = \begin{cases} [100,\ 200]\ km & i \in V_{dh},\ j \in V_{dm} \\ [150,\ 300]\ km & i \in V_{dh},\ j \in V_{dm} \end{cases} \quad (4-28)$$

2. 运输需求生成

本问题的运输需求包括 3 类，D^h 的范围是 0~5 个集装箱，D^f 的范围是 0~10 个集装箱，D^r 的范围是 10~30 个集装箱。

3. 算例示意

根据算例生成方式，针对（$|V_{fm}|$，$|V_{dm}|$，$|V_{dh}|$，$|V_{dr}|$，$|N|$）=

（2，2，3，3，3）的规模生成示意算例，如表4-6所示。

表4-6　　　算例（$|V_{fm}|$，$|V_{dm}|$，$|V_{dh}|$，$|V_{dr}|$，$|N|$）=
（2，2，3，3，3）的运输网络矩阵

集合	取值	集合	取值
L^f	$\begin{bmatrix} 5038 & 12719 \\ 8236 & 7437 \end{bmatrix}$	D^h	$\begin{bmatrix} 0 & 0 & 1 \\ 1 & 0 & 1 \\ 1 & 0 & 0 \end{bmatrix}$
L^r	$\begin{bmatrix} 1049 & 1189 \\ 1960 & 662 \\ 1243 & 1791 \end{bmatrix}$	D^f	$\begin{bmatrix} 6 & 7 \\ 1 & 4 \\ 4 & 7 \end{bmatrix}$
L^h	$\begin{bmatrix} 0 & 153 & 100 & 42 & 181 \\ 153 & 0 & 137 & 121 & 145 \\ 100 & 137 & 0 & 185 & 197 \\ 142 & 121 & 185 & 0 & 280 \\ 181 & 145 & 197 & 280 & 0 \end{bmatrix}$	D^r	$\begin{bmatrix} 10 & 12 \\ 12 & 16 \\ 17 & 27 \end{bmatrix}$

4.3.2　算例求解

本部分运用 CPLEX 12.8 对 MILP 模型进行求解，运行条件是 Intel（R）Core（TM）i5-6200U 2.3 GHz 处理器、8 GB 内存和 Windows 10 系统。

1. 参数取值

本问题的参数取值如表4-7所示。

表4-7　　　　　　　　　参数取值

参数	取值
v^{hl}	60 km/h

续　表

参数	取值
v^{ht}	50 km/h
v^{rd}	80 km/h
v^{rf}	40 km/h
t^m	12 h
t^w	1 h
c^f	42 TEU

计算中采用国内较广泛使用的集装箱牵引车，牵引车独自行驶和拖挂半挂车行驶的柴油消耗率分别为 0.18 L/km 和 0.32 L/km。柴油的密度为 0.86 kg/L，二氧化碳排放率为 3.17 kg/kg。柴油的二氧化碳排放量转换率为 2730 g/L。由此，计算出参数 e_l 和 e_t 的取值分别为 87 kg/100 km 和 49 kg/100 km。基于 Sun[104][105] 的计算方法，可以得到参数 e_r 的取值为 12 kg/（100 km·TEU）。

2. 算例求解

本部分针对小规模算例进行模型求解，展示模型求解的运输方案。针对 $(|V_{fm}|, |V_{dm}|, |V_{dh}|, |V_{dr}|) = (2, 2, 3, 3)$ 的算例，最优解为 1.36×10^6 kg 二氧化碳排放量，运输方案包含 27 台牵引车和 4 列洲际班列，具体方案如表 4-8、图 4-2、图 4-3 所示。牵引车路径方案是洲际铁路的公路集货方案和区域公路货物交流方案的结合。

表 4-8 　　　　　　　　　　　　牵引车路径

牵引车序号	牵引车路径	牵引车序号	牵引车路径
1	4→3→4	15	4→1→4
2	4→3→4	16	4→1→4
3	4→3→4	17	4→1→5→2→4
4	4→1→4	18	4→2→5→3→4
5	4→1→4	19	4→2→1→4
6	4→3→4	20	4→1→4
7	4→2→4	21	4→3→5→2→4
8	4→1→5→2→4	22	4→1→5→2→4
9	4→1→5→2→4	23	4→1→5→2→4
10	4→2→4	24	4→3 →5→2→4
11	4→3→5→2→4	25	4→3→5→2→4
12	4→1→5→2→4	26	4→2→4
13	4→2→4	27	4→2→4
14	4→1→5→2→4		

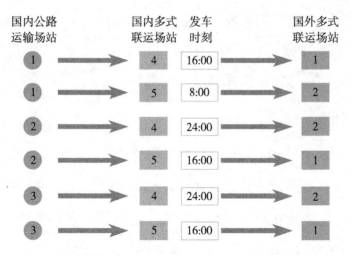

图 4-2　国内公路运输场站到国外多式联运场站的路径

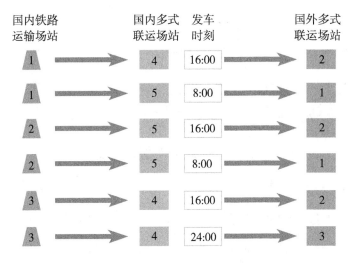

图4-3　国内铁路运输场站到国外多式联运场站的路径

4.4　混合差分进化算法设计和求解

4.4.1　混合差分进化算法的结构

1. 算法选择

（1）差分进化算法

差分进化算法（Differential Evolution，简称 DE 算法）是基于进化思想和种群差异的启发式算法，其通过种群内个体间的合作与竞争来实现问题的全局最优化求解。差分进化算法的特点有收敛精度高、速度快、稳定性强等，在求解大规模、强约束等优化问题时具有较好的性能，已成为应用最广泛的启发式算法。

差分进化算法的主要步骤与其他进化算法相似，包括变异和交叉等操作。该算法从随机生成的初始种群开始，将从种群中随机选择的两个个体的差向量当作第 3 个个体的随机变异。在对差向量进行加权处理之后，根据一定的规则对第 3 个个体进行求和，进而以生成突变个体。将突变个体与目标个体混合，产生测试个体，以实现交叉操作。如果测试个体的适应度值优于目标个体，则在下一代用测试个体替换目标个体，否则仍然保留目标个体。在每一代的进化过程中，每个单独的向量都用作目标个体。通过迭代操作，可以保留优良个体，并且通过搜索过程得到近似的全局最优解。

DE 算法中的变异操作与其他进化算法有区别，DE 算法通过父代的差分矢量进行变异，每个差分矢量对应父代种群中两个不同个体的差向量，通过把种群中两个个体之间的加权差向量加至基向量，产生随机偏差扰动，使父代个体中的不同组合方式得以随机选取，这保证了 DE 算法良好的种群多样性。其中，先期进化中个体种群差异较大，这使 DE 算法具有较强的全局搜索能力。DE 算法中，测试个体至少有一维分量由变异个体产生，其他维分量则由交叉概率因子 *CR* 决定。若交叉操作后迭代成分较大，则个体进化程度较高，交叉操作对算法的求解精度和收敛速度会产生影响。

在最近的研究中，差分进化算法有效地解决了 VRP，可以生成具有强鲁棒性的高质量运输解决方案，在解决开放式车辆路径问题、具有模糊需求的车辆路径问题，以及同时取货和交货且包含时间窗的车辆路径问题方面具有较好的效果。

（2）节约算法

Clarke-Wright 节约算法（简称节约算法或 C-W 算法）[117] 的

主要思想是通过路径合并产生成本的节约量，每次选择节约量最大的方式进行路径合并并获得解。节约算法易于实现，并且具有良好的灵活性和可扩展性，但节约算法被认为是贪婪的且容易偏离最优解的，因此，在许多研究中节约算法被用作初始解的构造算法。

节约算法较常用于求解 VRP 的初始解，Yanlk 等[118]和 Grasas 等[119]设计了适合 VRPTW 模型的节约算法流程并进行了求解；Li 等[116]针对牵引车和半挂车的车辆路径问题，设计了节约算法求解初始可行解的两阶段算法流程；Li 等[120]给出了双层问题采用节约算法构建初始解的基本方法。

图 4-4 给出了节约算法的操作方式，以牵引车路径优化问题为例，路径 a—b—c—a 中，a 为中心场站，若符合路径合并条件，则路径 a—d—a 可与路径 a—b—c—a 合并为新路径 a—b—c—d—a，从而节约路径 c—a 和 a—d 的成本。

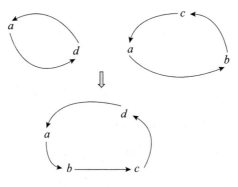

图 4-4 节约算法路径合并示意

（3）邻域搜索算法

为了解决 2E-LRP 和 2E-VRP 这类复杂问题，既有的算法设计将其分为两个阶段，分别为初始解生成的第一阶段，该阶段多采用节约算法，以及初始解优化的第二阶段，该阶段多采用邻域搜索算法（简称 LS 算法）。其中，邻域搜索算法通过搜索空间的不同区域以找到局部最优值，其被研究证明是一种解决 2E-LRP 和 2E-VRP 的很好的启发式算法。

邻域搜索算法的基本思想是在搜索过程中始终选择当前点的邻居中离目标最近的方向进行搜索，其改进类型包括变邻域搜索等。

既有研究中，Hemmelmayr 等[121]提出了求解 2E-VRP 大规模算例的自适应邻域搜索算法。Contardo 等[122]提出了求解 2E-LRP 大规模算例的自适应邻域搜索算法，在求解 LRP 时，添加一个虚拟点作为第一层场站，可以将其构建为 2E-VRP。Govindan 等[123]提出了一种新的混合启发式算法，用以求解 2E-LRPTW，这种方法结合了多目标粒子群优化和自适应多目标变邻域搜索算法。林镇泽[124]提出了求解 2E-VRP 的基于大规模邻域搜索的改进人工蜂群算法，该算法融合了大规模邻域搜索能够搜索复杂邻域和人工蜂群算法具有较强的全局寻优能力的优点，具有更强的搜索能力。Rahmani 等[125]针对带取送货的 2E-LRP，设计了实现车辆路径和节点选址的邻域搜索算法。李想等[126]针对 2E-LRP，设计了求解大规模算例的邻域搜索算法，其采用随机方式生成初始解，并利用邻域搜索算法对初始解进行优化。Lopes 等[127]针对 CLRP 设计了邻域搜索算法，其中包含 3 类邻域搜索算子。Bala 等[128]设计了包含 6 类邻域搜索算子的算法，涉及针对路径中客户点的操作和针对路径的操作。

综上可见，在解决 2E-VRP 和 2E-LRP 时，邻域搜索算法常常与其他算法共同使用，以规避其算法缺陷、提高求解能力。

2. 算法结构

求解洲际公铁多式联运选址路径优化模型的启发式算法拥有三阶段式结构，用差分进化算法求解铁路层，用节约算法和邻域搜索算法求解公路层，进而形成混合差分进化算法结构，如图 4-5 所示。

表 4-9 阐述了混合差分进化算法中铁路层和公路层的输入输出关系，其中，以 DE 算法作为铁路层的算法，以 C-W 算法和 LS 算法作为公路层的算法。

表 4-9　混合差分进化算法中铁路层和公路层的输入输出关系

	铁路层	公路层
算法	DE 算法	C-W 算法求解初始解 LS 算法求解最优解
输入	国内铁路运输场站和国外多式联运场站需求	国内公路运输场站间的需求
	国内公路运输场站和国外多式联运场站需求	国内多式联运场站分配方案——公路运输需求

续　表

	铁路层	公路层
输出	国内多式联运场站分配方案——公路运输需求	牵引车路径方案
	国内多式联运场站分配方案——铁路运输需求	公铁多式联运系统最优解，输出到下一次迭代

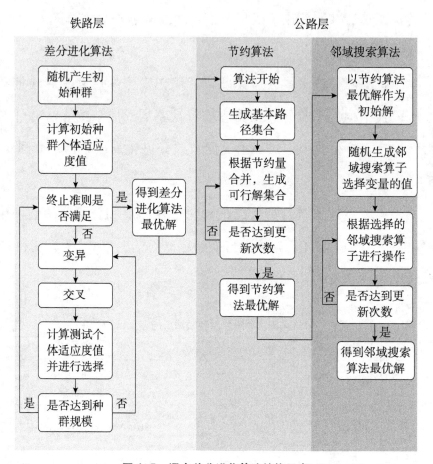

图4-5　混合差分进化算法结构示意

4.4.2 混合差分进化算法的流程

1. 铁路层——DE 算法

定义 1. 令 K 为个体数量。

定义 2. 令 G 为迭代次数。

定义 3. 令 $V_d = V_{dh} \cup V_{dr}$ 为国内场站的集合，其中，前一个 $|V_{dh}|$ 索引为国内公路运输场站，后一个 $|V_{dr}|$ 索引为国内铁路运输场站。

定义 4. 解的表示形式：对第 k 个 $1 \leqslant k \leqslant K$ 进行编码，对第 t 个单独的 $1 \leqslant t \leqslant G$ 进行编码，通过 $|V_d| \times |V_{fm}|$ 维向量 $\boldsymbol{A}_k^t = [a_{k,i}^t]_{i-1}^{|V_d| \times |V_{fm}|}$ 进行迭代。$a_{k,i}^t \in \{1, 2, \cdots, |V_{dm}| \times N\}$ 表示国外多式联运场站 $i \bmod |V_{fm}|$ 所需的货物从国内场站 $[i/|V_{fm}|]$ 经国内多式联运站 $[a_{k,i}^t/N]$ 以 $a_{k,i}^t \bmod N$ 班次运输，其中，mod 表示模数。

如图 4-6 所示，此示例表示一个 12[①] 维个体，包括 4 个国内公路运输场站、2 个国内铁路运输场站和 2 个国外多式联运场站。例如，第 5 维度中的数字 4 表示序号为 2 的国内多式联运场站在序号为 1 的出发时间，满足序号为 1 的国内铁路运输场站需求。

- 步骤 1：变异

在第 t 代中，每个个体 $\boldsymbol{A}_k^t$（称为目标向量）首先要进行突变。

---

① $\left[(4+2) \times 2\right] = 12$。

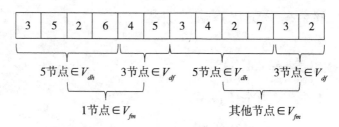

图 4-6　DE 算法的解示例

对于每个个体 A_k^t，通过等式 $V_k^{t+1} = A_a^t + F \times (A_b^t - A_c^t)$ 生成对应的突变向量 $V_k^{t+1} = [V_{k,i}^{t+1}]$，其中，$a$，$b$，$c \in \{1, \cdots, K\}$，$a$，$b$，$c$，$k$ 互不相同。F 是常数，其控制变化量 $(A_b^t - A_c^t)$ 的放大，取值为 $[0, 2]$。

- 步骤2：取整

由以上等式获得的突变向量 V_k^{t+1} 是实向量，为解决这种情况，可采用以下取整运算方式：

$$V_{k,i}^{t+1} = \begin{cases} 1 & \text{当} V_{k,i}^{t+1} \leq 1 \text{ 时} \\ |V_{dm}| \times N & \text{当} V_{k,i}^{t+1} \geq |V_{dm}| \times N \text{ 时} \\ V_{k,i}^{t+1} + 0.5 & \text{其他} \end{cases} \quad (4\text{-}29)$$

该取整运算返回 $[1, |V_{dm}| \times N]$ 中最接近 $V_{k,i}^{t+1}$ 的整数。

- 步骤3：交叉

在变异和取整运算之后，进行交叉运算，生成对应于 A_k^t 的试验矢量 $U_k^{t+1} = [U_{k,i}^{t+1}]$，其中，$U_{k,i}^{t+1}$ 由下式确定：

$$U_{k,i}^{t+1} = \begin{cases} V_{k,i}^{t+1} & \text{当 rand } b(i) \leq CR \text{ 或 } i = \text{rnb } r(k) \text{ 时} \\ a_{k,i}^{t+1} & \text{其他} \end{cases} \quad (4\text{-}30)$$

其中，$CR \in [0, 1]$，是一个需要预先确定的交叉常数，rand b (i) 是从均匀分布 $[0, 1]$ 中随机抽取的第 i 个评估数，rnb r (k) 是从 $[1, |V_d| \times |V_{fm}|]$ 均匀分布中随机选择的整数。条件 $i =$ rnb r (k) 保证至少将突变载体的一种成分传递给相应的试验载体。

2. 公路层初始解——C-W 算法

定义 1. 基本路段集合 R，$(s_i, e_i) \in R$，s_i、e_i 分别表示第 i 个基本路段的起点和终点。需求集合 $\tilde{R}$，$(r_i, d_i) \in \tilde{R}$，d_i 表示第 i 个基本路段的需求量。

需求路段集合 R 示例见表 4-10。

表 4-10　　　　　　　　需求路段集合 R 示例

s_i	e_i
3	5
0	2
4	6
1	3
⋮	⋮

需求集合 $\tilde{R}$ 示例见表 4-11。

表 4-11　　　　　　　　需求集合 $\tilde{R}$ 示例

r_i		d_i
3	5	1
0	2	2
4	6	2
1	3	4
⋮	⋮	⋮

定义 2. 可行路径集合 F，$f_i \in F$。

可行路径集合 F 示例见表 4-12。

表 4-12 可行路径集合 F 示例

f_i	节点 1	节点 2	节点 3	节点 4	节点 5	节点 6	节点 7	……
f_1	0	2	4	6	3	0		
f_2	0	4	3	0	6	4	0	
f_3	0	1	4	5	0			
f_4	0	4	3	5	1	0		
⋮								

定义 3. C-W 算法最优解的更新次数为 I_{us}。

（1）路段合并的 3 个条件

①牵引车每天的行驶时间约束：

$$\sum_{i \in V_{dh} \cup V_{dm}} \sum_{j \in V_{dh} \cup V_{dm}} l_{ij}^h \left(\frac{x_{ijq}^t}{v^{ht}} + \frac{x_{ijq}^l}{v^{hl}} \right) \leqslant t^m, \quad \forall q \in Q \qquad (4\text{-}31)$$

②多式联运衔接约束：

$$t_{jq}^a \leqslant t_{jkn}^p - t^w + M(2 - x_{ijq}^t - \alpha_{ijkn}), \quad \forall i \in V_{dh}, j \in V_{dm}, k \in V_{fm},$$

$$q \in Q, n \in N \qquad (4\text{-}32)$$

③操作后路径内不相邻位置的同一节点不出现多次。

（2）算法流程

①步骤 1：将货运需求集合 D^h 转化为基本路段集合 R，设置最优解更新次数 I_{us}。

②步骤 2：判断当前更新次数是否小于 I_{us}，若是则执行步骤 3，否则运算结束并输出结果。

③步骤 3：基本路段合并，生成可行路径集合 F。

随机选择基本路段集合 R 中的一条基本路段 R_i，将其作为待合并路段，判断该路段是否经过中心场站，选择相应的合并策略，d_i 的值减 1。

将基本路段 R_i 与基本路段集合中的所有基本路段分别合并，选择合并后节约量最大的路段 R_j 与 R_i 进行路段的合并并生成一条新的路段，在满足约束（4-31）和约束（4-32）的前提下进行路段的合并，每进行一次合并操作 d_i 的值减 1，直到所生成的路段无法继续添加新的路段，该条路径的搜索构造过程便结束，将路径加入可行路径集合 F。

重复上述步骤，构造下一条路径，最终使基本路段集合 R 中所有的基本路段均被使用，即 $\sum d_n = 0$。生成本次迭代的可行路径集合 F。

④步骤 4：判断可行路径集合 F 的目标函数值是否优于最优值，若是则执行步骤 5，否则执行步骤 3。

⑤步骤 5：令当前解为最优解，最优目标函数值等于当前目标函数值，当前更新次数加 1，执行步骤 2。

3. 公路层最优解——LS 算法

定义 1. 邻域搜索算子，本算法包括 5 种邻域搜索算子。

（1）邻域搜索算子 SCL-relocate，实现路径内的路段互换，如图 4-7 所示。

（2）邻域搜索算子 SCL-insertion，实现路径中路段的提取和另

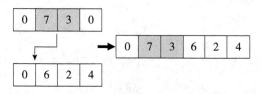

图 4-7　邻域搜索算子 SCL-relocate

一路径的插入操作，此时第一条路径将被删除，如图 4-8 所示。

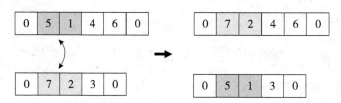

图 4-8　邻域搜索算子 SCL-insertion

（3）邻域搜索算子 SCL-swap，实现两条路径的路段互换，如图 4-9 所示。

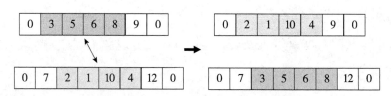

图 4-9　邻域搜索算子 SCL-swap

（4）邻域搜索算子 DCL-swap，实现两条路径的连续路段互换，如图 4-10 所示。

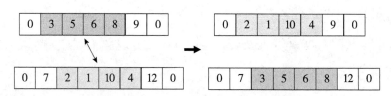

图 4-10　邻域搜索算子 DCL-swap

（5）邻域搜索算子 TCL-swap，实现两条路径的双连续路段互换，如图 4-11 所示。

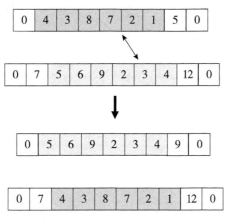

图 4-11　邻域搜索算子 TCL-swap

定义 2. 邻域搜索算法最优解的更新次数为 I_{ul}，邻域搜索算子选择变量 P，如表 4-13 所示。

表 4-13　　　　　　　　　邻域搜索算子选择变量 P

变量 P 范围	(0, 0.2)	(0.2, 0.4)	(0.4, 0.6)	(0.6, 0.8)	(0.8, 1)
对应的邻域搜索算子	SCL-relocate	SCL-insertion	SCL-swap	DCL-swap	TCL-swap

算法流程如下。

步骤 1：设置邻域搜索算法最优解的更新次数 I_{ul}，以节约算法计算得到的解为初始解，当前的迭代次数为 0。

步骤 2：判断当前更新次数是否小于 I_{ul}，若是则执行步骤 3，否则运算结束并输出结果。

步骤 3：随机生成邻域搜索算子选择变量 P 的值，用以选择不同的邻域搜索算子。在邻域搜索操作过程中，一次迭代只选用一种邻域搜索算子，多次迭代后得到最优搜索结果。

步骤4：根据随机选择的邻域搜索算子对当前路径进行相应的操作，生成本次迭代的可行路径集合 F。

步骤5：判断可行路径集合 F 的目标函数值是否优于最优值，若是则执行步骤6，否则执行步骤3。

步骤6：令当前解为最优解，最优目标函数值等于当前目标函数值，当前更新次数加1，执行步骤2。

4.4.3 混合差分进化算法的求解性能分析

1. 混合差分进化算法与精确算法的对比检验

通过计算验证，采用 CPLEX 12.8 运算本章的 MILP 模型，在 1h 内可求解的最大规模为 2 个国内多式联运场站、2 个国外多式联运场站、3 个国内铁路运输场站和 7 个国内公路运输场站。

通过生成 Rand 2a、Rand 2b、Rand 2c、Rand 3d 和 Rand 3e 算例，对不同参数[①]条件下的算例进行求解分析，如表4-14所示。

表 4-14　　　　　　　　5 组随机算例的特点

算例编号	节点数量/个				
	V_{dm}	V_{dh}	V_{fm}	V_{dr}	N
Rand 2a	2	3	2	3	3

---

① 参数包括国内多式联运场站数量、国内公路运输场站数量、国外多式联运场站数量、国内铁路运输场站数量和国内多式联运场站发车班次。

续　表

算例编号	节点数量/个				
	V_{dm}	V_{dh}	V_{fm}	V_{dr}	N
Rand 2b	2	4	2	4	2
Rand 2c	2	4	2	4	3
Rand 3d	3	5	2	5	3
Rand 3e	3	5	2	5	4

表 4-15 是运用精确算法和混合差分进化算法对本章 MILP 模型求解小规模算例时的结果对比（均为单次试验结果对比）。

表 4-15　小规模算例在精确算法和混合差分进化算法下的求解结果

算例编号	精确算法结果				混合差分进化算法结果		
	碳排放/kg	是否为最优解（Yes/No）	牵引车数量/台	运算时间/s	碳排放/kg	牵引车数量/台	运算时间/s
Rand 2a-1	1.36×10^6	Y	27	402.23	1.64×10^6	24	592.77
Rand 2a-2	1.32×10^6	Y	29	12.679	1.61×10^6	26	635.93
Rand 2a-3	1.23×10^6	N	20	3600.1	1.43×10^6	20	599.93
Rand 2a-4	1.34×10^6	Y	35	22.129	1.52×10^6	21	605.54
Rand 2a-5	1.20×10^6	Y	27	17.407	1.46×10^6	18	563.8
Rand 2b-1	1.64×10^6	N	26	3600	1.59×10^6	29	544.57
Rand 2b-2	1.36×10^6	Y	21	28.719	1.51×10^6	22	466.18
Rand 2b-3	1.91×10^6	N	45	3600.3	1.73×10^6	29	459.22
Rand 2b-4	1.73×10^6	Y	29	47.8	1.73×10^6	27	482.68
Rand 2b-5	1.44×10^6	Y	26	629.92	1.45×10^6	18	430.22
Rand 2c-1	1.87×10^6	Y	40	416.88	2.01×10^6	28	581
Rand 2c-2	1.93×10^6	Y	42	168.46	1.97×10^6	25	474.54
Rand 2c-3	1.73×10^6	Y	28	1008.9	1.90×10^6	23	563.93
Rand 2c-4	1.78×10^6	Y	47	334.36	1.82×10^6	28	586.7
Rand 2c-5	1.44×10^6	Y	24	1317.8	1.58×10^6	23	521.69
Rand 3d-1	2.08×10^6	N	32	3613.3	2.07×10^6	28	469.62

续　表

算例编号	精确算法结果				混合差分进化算法结果		
	碳排放/kg	是否为最优解(Yes/No)	牵引车数量/台	运算时间/s	碳排放/kg	牵引车数量/台	运算时间/s
Rand 3d-2	2.43×10^6	N	37	3600.7	2.44×10^6	34	458.27
Rand 3d-3	2.60×10^6	N	48	3600.3	2.62×10^6	47	510.93
Rand 3d-4	2.72×10^6	N	57	3615.6	2.40×10^6	39	411.47
Rand 3d-5	1.62×10^6	N	28	3600.3	1.78×10^6	20	533.87
Rand 3e-1	2.43×10^6	N	37	3600.4	2.53×10^6	46	539.83
Rand 3e-2	2.72×10^6	N	56	3600.3	2.42×10^6	37	562.69
Rand 3e-3	2.42×10^6	N	42	3603.2	2.40×10^6	44	569.61
Rand 3e-4	3.09×10^6	N	62	3607.7	3.03×10^6	46	607.89
Rand 3e-5	2.48×10^6	Y	55	2937.2	2.49×10^6	51	530.09

从对比结果中可以看出，混合差分进化算法的求解效果总体较好，其特点主要体现在以下几个方面：

（1）当算例的节点规模较小时，混合差分进化算法的求解能力弱于精确算法，但对于部分运输网络结构复杂的算例，混合差分进化算法的求解效果较好。

（2）当算例的节点规模较大、精确算法无法求解时，采用混合差分进化算法求解的质量较好，且求解时间较有保证。

（3）当国内多式联运场站达到3个及以上时，应优先采用混合差分进化算法，尤其是实证分析大规模节点时。

2. 混合差分进化算法的求解性能分析

为验证混合差分进化算法的求解性能，下面生成了9个系列的算例，对模型的碳排放、牵引车数量、运算时间等参数进行了对比验证，对比结果采用了 CPLEX 直接求解 MILP 模型进行参照，如表 4-16、表 4-17 所示。

表 4-16　　　　　　　9 个随机算例的特点

算例编号	节点数量/个				
	V_{dm}	V_{dh}	V_{fm}	V_{dr}	N
Rand 2f	2	6	2	6	3
Rand 2g	2	7	2	7	3
Rand 2h	2	8	2	8	3
Rand 2i	2	8	3	8	3
Rand 3a	3	5	3	5	3
Rand 3b	3	6	3	6	3
Rand 3c	3	8	2	8	3
Rand 3d	3	8	3	8	2
Rand 3e	3	8	3	8	3

表 4-17　　　　　　混合差分进化算法的求解结果

算例编号	混合差分进化算法结果			算例编号	混合差分进化算法结果		
	碳排放/kg	牵引车数量/台	运算时间/s		碳排放/kg	牵引车数量/台	运算时间/s
Rand 2f-1	3.11×10^6	51	429.457	Rand 2g-3	3.37×10^6	53	287.32
Rand 2f-2	2.63×10^6	38	381.075	Rand 2g-4	3.10×10^6	55	411.005
Rand 2f-3	2.85×10^6	40	448.033	Rand 2g-5	2.98×10^6	56	297.937
Rand 2f-4	2.99×10^6	50	366.138	Rand 2g-6	2.96×10^6	48	332.972
Rand 2f-5	2.45×10^6	39	359.196	Rand 2g-7	3.57×10^6	54	354.057
Rand 2f-6	2.80×10^6	45	419.533	Rand 2g-8	3.37×10^6	47	483.551
Rand 2f-7	3.64×10^6	60	380.357	Rand 2g-9	2.98×10^6	54	421.259
Rand 2f-8	3.27×10^6	46	424.384	Rand 2g-10	3.40×10^6	57	294.371
Rand 2f-9	2.81×10^6	50	413.947	Rand 2h-1	3.92×10^6	66	330.347
Rand 2f-10	3.26×10^6	62	375.334	Rand 2h-2	4.06×10^6	67	235.741
Rand 2g-1	3.28×10^6	68	318.95	Rand 2h-3	3.61×10^6	49	290.71
Rand 2g-2	3.28×10^6	48	421.092	Rand 2h-4	4.04×10^6	72	218.403

续　表

算例编号	混合差分进化算法结果			算例编号	混合差分进化算法结果		
	碳排放/kg	牵引车数量/台	运算时间/s		碳排放/kg	牵引车数量/台	运算时间/s
Rand 2h-5	$3.54×10^6$	58	334.656	Rand 3b-4	$4.94×10^6$	71	385.128
Rand 2h-6	$3.68×10^6$	57	321.768	Rand 3b-5	$4.66×10^6$	67	417.939
Rand 2h-7	$4.47×10^6$	74	347.642	Rand 3b-6	$4.11×10^6$	50	484.003
Rand 2h-8	$4.23×10^6$	65	311.331	Rand 3b-7	$4.65×10^6$	63	516.572
Rand 2h-9	$3.60×10^6$	66	335.667	Rand 3b-8	$4.44×10^6$	51	559.02
Rand 2h-10	$3.28×10^6$	52	301.311	Rand 3b-9	$4.72×10^6$	63	466.009
Rand 2i-1	$5.75×10^6$	89	321.236	Rand 3b-10	$4.95×10^6$	70	441.783
Rand 2i-2	$5.46×10^6$	85	305.867	Rand 3c-1	$4.56×10^6$	62	311.753
Rand 2i-3	$4.87×10^6$	73	302.617	Rand 3c-2	$4.61×10^6$	70	303.977
Rand 2i-4	$6.27×10^6$	110	287.841	Rand 3c-3	$4.57×10^6$	69	329.138
Rand 2i-5	$5.39×10^6$	82	389.425	Rand 3c-4	$4.33×10^6$	62	299.031
Rand 2i-6	$4.94×10^6$	81	318.739	Rand 3c-5	$4.54×10^6$	67	341.686
Rand 2i-7	$5.49×10^6$	82	375.684	Rand 3c-6	$4.08×10^6$	57	379.299
Rand 2i-8	$5.61×10^6$	86	304.861	Rand 3c-7	$5.89×10^6$	102	280.937
Rand 2i-9	$5.26×10^6$	87	264.154	Rand 3c-8	$4.40×10^6$	51	381.097
Rand 2i-10	$5.01×10^6$	79	300.902	Rand 3c-9	$4.09×10^6$	59	294.035
Rand 3a-1	$4.45×10^6$	55	458.252	Rand 3c-10	$4.81×10^6$	72	265.012
Rand 3a-2	$3.52×10^6$	42	522.585	Rand 3d-1	$5.98×10^6$	97	148.127
Rand 3a-3	$3.76×10^6$	43	479.322	Rand 3d-2	$6.02×10^6$	93	150.912
Rand 3a-4	$4.35×10^6$	65	458.594	Rand 3d-3	$5.90×10^6$	92	166.812
Rand 3a-5	$3.63×10^6$	46	528.118	Rand 3d-4	$5.84×10^6$	90	140.136
Rand 3a-6	$4.08×10^6$	54	504.782	Rand 3d-5	$5.46×10^6$	89	139.449
Rand 3a-7	$4.73×10^6$	64	487.48	Rand 3d-6	$5.78×10^6$	99	176.76
Rand 3a-8	$4.09×10^6$	43	504.269	Rand 3d-7	$6.34×10^6$	116	176.736
Rand 3a-9	$3.84×10^6$	49	595.758	Rand 3d-8	$5.33×10^6$	75	183.248
Rand 3a-10	$4.05×10^6$	54	446.948	Rand 3d-9	$5.67×10^6$	99	142.516
Rand 3b-1	$4.68×10^6$	56	538.468	Rand 3d-10	$5.66×10^6$	100	186.041
Rand 3b-2	$4.09×10^6$	50	447.876	Rand 3e-1	$6.36×10^6$	89	205.446
Rand 3b-3	$4.88×10^6$	65	405.031	Rand 3e-2	$6.27×10^6$	100	264.814

算例编号	混合差分进化算法结果			算例编号	混合差分进化算法结果		
	碳排放/kg	牵引车数量/台	运算时间/s		碳排放/kg	牵引车数量/台	运算时间/s
Rand 3e-3	$6.65×10^6$	96	355.647	Rand 3e-7	$6.85×10^6$	112	290.614
Rand 3e-4	$6.39×10^6$	88	251.292	Rand 3e-8	$6.23×10^6$	86	282.943
Rand 3e-5	$5.99×10^6$	86	215.047	Rand 3e-9	$6.00×10^6$	94	231.58
Rand 3e-6	$5.99×10^6$	84	215.726	Rand 3e-10	$6.07×10^6$	92	247.713

通过对比几个参数对目标函数的影响，可以发现多式联运场站的数量对洲际公铁多式联运系统的碳排放有更大的影响，这是因为更多的多式联运场站将提高洲际公铁多式联运系统的整体复杂性。

由图4-12、图4-13可以看出，算例的运输需求与碳排放相关性不强。

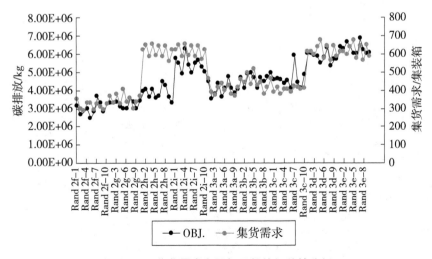

图4-12　集货需求和目标函数的相关性分析

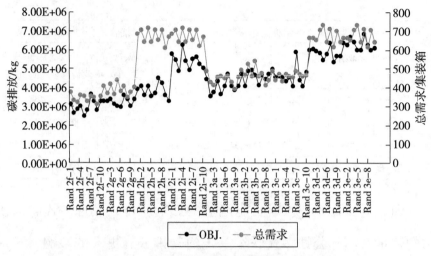

图4-13　系统总需求和目标函数的相关性分析

值得注意的是，求解结果中牵引车的数量与总碳排放具有较强的相关性，如图4-14所示，牵引车数量反映了公铁多式联运系统的复杂程度，但实际在公铁多式联运决策和操作中，牵引车数量这个参数并不被决策者重点考虑。

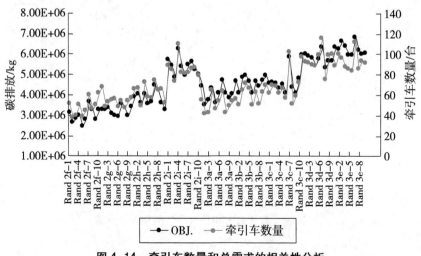

图4-14　牵引车数量和总需求的相关性分析

为分析牵引车数量对公铁多式联运系统的影响，本书采用 Pearson 相关性分析法进行进一步研究。Pearson 相关性分析法是一种常用的相关性检验方法，它具有计算序列的协方差和标准偏差的能力，因此具有快速测试相关性的特点，结果高于 0.8 表示有很强的相关性。我们使用 MATLAB 中的 Pearson 相关性模块来进行算例计算。

表 4-18 显示了 3 组随机算例的 Pearson 相关性分析结果，包含 Random pc-1 和 $(|V_{dm}|, |V_{dd}|, |V_{fm}|, |V_{dr}|, |N|) = (2, 5, 2, 5, 3)$ 和 $(3, 6, 3, 6, 3)$ 的 Random pc-2、Random pc-3。这 3 组随机算例的计算结果显示，牵引车的数量与目标函数碳排放量具有很强的相关性，其他参数的相关性则表现不稳定。

表 4-18　　　3 组随机算例的 Pearson 相关性分析结果

算例序号	牵引车数量	国内公路运输场站班列发送需求	国内铁路运输场站班列发送需求	公铁多式联运集货需求	国内公路运输场站间的需求	公铁多式联运系统总需求
Random pc-1	0.9065	0.7633	0.7019	0.7308	0.5815	0.7397
Random pc-2	0.7184	0.5578	0.0821	0.3732	0.4618	0.4429
Random pc-3	0.8431	0.1243	-0.1375	-0.0617	0.1666	-0.0291

4.5　洲际公铁多式联运选址路径优化实证分析

根据本章建立的洲际公铁多式联运选址路径优化问题模型，

本节选取中欧班列开行中具有代表性的我国西部地区进行实证分析，研究涵盖了成都、重庆、西安等中欧班列重要多式联运枢纽，以及西部地区腹地货源城市和东部联动的货源城市，设计了基于中欧班列的洲际公铁多式联运网络并进行了求解分析。

4.5.1　实际问题提炼

1. 案例选取

我国西部地区地处内陆，是通过开行中欧班列较早实现向西开放的城市，其中，成都和重庆已经成为我国西南地区的铁路枢纽城市，是具有代表性和规模较大的中欧班列开行城市，西安是"丝绸之路"经济带主要通道的核心节点，在货源腹地上与成都和重庆有一定的交叉，故实证分析中选取成都、重庆和西安作为班列发送场站。

成都、重庆和西安班列的主要途经城市如表 4-19 所示。

表 4-19　　　　成都、重庆和西安班列的主要途经城市

始发站	线路
成都	成都铁路集装箱中心站（四川成都）—宝鸡（陕西）—兰州（甘肃）—乌鲁木齐（新疆）—阿拉山口—多斯特克（哈萨克斯坦）—阿斯塔纳（哈萨克斯坦）—彼得罗巴甫洛夫斯克（俄罗斯）—叶卡捷琳堡（俄罗斯）—莫斯科（俄罗斯）—明斯克（白俄罗斯）—布列斯特（白俄罗斯）—华沙（波兰）—罗兹（波兰）—纽伦堡（德国）/蒂尔堡（荷兰）……

始发站	线路
重庆	团结村（重庆）—达州（四川）—安康（陕西）—西安（陕西）—兰州（甘肃）—乌鲁木齐（新疆）—阿拉山口—多斯特克（哈萨克斯坦）—阿斯塔纳（哈萨克斯坦）—彼得罗巴甫洛夫斯克（俄罗斯）—叶卡捷琳堡（俄罗斯）—莫斯科（俄罗斯）—明斯克（白俄罗斯）—布列斯特（白俄罗斯）—华沙（波兰）—马拉舍维奇（波兰）—杜伊斯堡（德国）/汉堡（德国）……
西安	西安新筑站（陕西）—兰州（甘肃）—乌鲁木齐（新疆）—阿拉山口—多斯特克（哈萨克斯坦）—阿克斗卡（哈萨克斯坦）—阿拉木图（哈萨克斯坦）/阿斯塔纳（哈萨克斯坦）—彼得罗巴甫洛夫斯克（俄罗斯）—叶卡捷琳堡（俄罗斯）—莫斯科（俄罗斯）—明斯克（白俄罗斯）—布列斯特（白俄罗斯）—华沙（波兰）—柏林（德国）—汉堡（德国）/汉诺威（德国）—鹿特丹（荷兰）……

　　实证分析中，选取成都、重庆、西安 300 km 内的地级市作为公路货源腹地，包括眉山、雅安、乐山、资阳、内江、自贡、宜宾、泸州、遂宁、广安、南充、德阳、绵阳、达州、广元、汉中、安康、宝鸡、渭南、铜川 20 个城市；选取东南沿海和西南 600 km ~ 2000 km 范围内的城市作为国内铁路运输节点，包括青岛、日照、临沂、连云港、南宁、广州、深圳、宁波、厦门、昆明 10 个城市；选取杜伊斯堡、罗兹和布达佩斯作为案例中的国外节点，拓展 3 个始发站班列的国外辐射范围。这 3 个国外节点各有其代表意义。杜伊斯堡是西欧国家中较有代表性的物流枢纽，由于位于西欧核心工业区，其本地货源组织特点明显。罗兹是中东欧国家重要的铁路节点，其铁路货运中转功能较为突出。布达佩斯与罗

兹—杜伊斯堡的线路方向不同，辐射货源地也不同，是欧洲国家首都城市作为中欧班列终点站的代表。

2. 运输网络

实证分析中，根据我国西部地区中欧班列开行实际，选取了3个国内多式联运节点、3个国外多式联运节点、10个国内铁路运输节点和20个国内公路运输节点，构成了总节点数量规模为36个的案例，如表4-20所示。

表4-20   实证分析所选取的节点

节点类型	V_{dm}	V_{fm}	V_{dr}	V_{dh}
数量/个	3	3	10	20
节点	成都、重庆、西安	杜伊斯堡、罗兹、布达佩斯	青岛、日照、临沂、连云港、南宁、广州、深圳、宁波、厦门、昆明	眉山、雅安、乐山、资阳、内江、自贡、宜宾、泸州、遂宁、广安、南充、德阳、绵阳、达州、广元、汉中、安康、宝鸡、渭南、铜川

本案例的运输网络，以中欧班列西通道中的西1通道为国际铁路运输干线，西1通道由新疆阿拉山口（霍尔果斯）口岸出境，经哈萨克斯坦与俄罗斯西伯利亚铁路相连，途经白俄罗斯、波兰、德国等，通达欧洲其他各国，通道至俄罗斯莫斯科分为两个走向，一条先后抵达罗兹和杜伊斯堡，另一条抵达布达佩斯。本案例的国内公路运输通道由我国西部地区高速公路组成，国内铁路运输通道由国内铁路网组成，运输需求采用本章第三节的方法生成，实证分析原始数据见附录 B。

4.5.2 实证求解结果

实证分析节点规模较大，采用本章第四节设计的混合差分进化算法求解，洲际公铁多式联运方案如表 4-21 所示，由表 4-21 可以看出，不同场站间分配的平衡性较好，运输资源的利用率也较高。

（1）洲际公铁多式联运方案中，每个国内多式联运场站每天发送 9 列班列，单场站的班列年发送量达 3000 列左右，基本达到开行城市 2030—2035 年的班列开行规划数量，对运输实践具有一定的指导意义。

（2）洲际公铁多式联运方案中，国内多式联运场站每列班列平均发送的集装箱数量为 33 个。在中欧班列实践中，空箱或半空箱情况较多，真实的实载率难以统计。本案例计算的实载率为真实的实载率，真实的实载率还可以通过增加需求或减少每天开行班次来进一步提高，这对运输实践有一定的参考价值。

（3）求解结果显示，本案例使用了 615 台牵引车为公路层服务，通过牵引车服务将洲际公铁多式联运需求和区域公路运输需求结合起来，实现区域公路干线运输网络和洲际运输网络的衔接，提高车辆使用效率，降低社会运输成本。因为牵引车路径过多，所以这里不再进行路径结果罗列，而是主要针对洲际铁路运输方案进行展示。

表 4-21 　　　　　　　　　　实证分析运输方案

运输需求		运输方案		
国内公路/ 铁路运输场站	国外多式 联运场站	需求/ 集装箱	国内多式 联运场站	发车 时间
眉山	杜伊斯堡	4	成都	24：00
	罗兹	3	成都	16：00
	布达佩斯	3	重庆	8：00
雅安	杜伊斯堡	4	西安	8：00
	罗兹	1	重庆	8：00
	布达佩斯	8	重庆	16：00
乐山	杜伊斯堡	10	成都	8：00
	罗兹	9	成都	8：00
资阳	杜伊斯堡	6	成都	8：00
	罗兹	2	西安	8：00
内江	杜伊斯堡	3	重庆	24：00
	罗兹	5	重庆	24：00
	布达佩斯	1	西安	8：00
自贡	杜伊斯堡	2	成都	16：00
	罗兹	2	西安	24：00
	布达佩斯	9	成都	24：00
宜宾	杜伊斯堡	7	成都	8：00
	罗兹	7	重庆	8：00
	布达佩斯	2	成都	24：00
泸州	杜伊斯堡	9	西安	16：00
	罗兹	6	成都	24：00
	布达佩斯	5	西安	8：00
遂宁	杜伊斯堡	2	西安	16：00
	罗兹	9	成都	8：00
	布达佩斯	5	重庆	8：00

续表

运输需求		运输方案		
国内公路/铁路运输场站	国外多式联运场站	需求/集装箱	国内多式联运场站	发车时间
广安	杜伊斯堡	9	重庆	24：00
	罗兹	3	重庆	24：00
	布达佩斯	8	成都	24：00
南充	杜伊斯堡	6	成都	8：00
	罗兹	8	重庆	16：00
德阳	杜伊斯堡	4	重庆	16：00
	罗兹	9	成都	16：00
	布达佩斯	7	重庆	16：00
绵阳	罗兹	8	重庆	16：00
达州	杜伊斯堡	9	重庆	8：00
	罗兹	8	成都	8：00
	布达佩斯	2	成都	16：00
广元	杜伊斯堡	8	重庆	16：00
	罗兹	10	西安	16：00
汉中	杜伊斯堡	4	重庆	24：00
	罗兹	1	成都	16：00
	布达佩斯	5	成都	8：00
安康	杜伊斯堡	8	西安	24：00
	罗兹	2	成都	8：00
	布达佩斯	5	重庆	24：00
宝鸡	杜伊斯堡	1	西安	24：00
	布达佩斯	1	西安	16：00
渭南	杜伊斯堡	10	成都	24：00
	罗兹	9	西安	8：00
	布达佩斯	9	成都	16：00

续表

运输需求		运输方案		
国内公路/ 铁路运输场站	国外多式 联运场站	需求/ 集装箱	国内多式 联运场站	发车 时间
铜川	杜伊斯堡	6	西安	8：00
	罗兹	6	西安	24：00
	布达佩斯	8	西安	16：00
青岛	杜伊斯堡	24	西安	24：00
	罗兹	25	重庆	8：00
	布达佩斯	19	重庆	16：00
日照	杜伊斯堡	25	成都	16：00
	罗兹	25	成都	16：00
	布达佩斯	20	成都	16：00
临沂	杜伊斯堡	12	西安	16：00
	罗兹	20	重庆	16：00
	布达佩斯	12	成都	24：00
连云港	杜伊斯堡	13	重庆	16：00
	罗兹	13	重庆	16：00
	布达佩斯	18	成都	24：00
南宁	杜伊斯堡	17	重庆	16：00
	罗兹	11	西安	16：00
	布达佩斯	26	成都	8：00
广州	杜伊斯堡	24	成都	24：00
	罗兹	18	重庆	8：00
	布达佩斯	25	重庆	24：00
深圳	杜伊斯堡	11	重庆	8：00
	罗兹	23	重庆	16：00
	布达佩斯	18	成都	8：00

续表

运输需求		运输方案		
国内公路/铁路运输场站	国外多式联运场站	需求/集装箱	国内多式联运场站	发车时间
宁波	杜伊斯堡	21	成都	8：00
	罗兹	27	西安	8：00
	布达佩斯	17	西安	16：00
厦门	杜伊斯堡	26	成都	16：00
	罗兹	18	成都	24：00
	布达佩斯	22	西安	24：00
昆明	杜伊斯堡	28	西安	8：00
	罗兹	10	西安	24：00
	布达佩斯	28	西安	8：00

不确定条件下的洲际公铁多式联运
选址路径优化模型设计和求解

本章基于前述研究，提炼了中欧班列的多城市集拼和复杂集结模式，综合考虑班列运输能力和运输时间不确定性，构建了不确定条件下的洲际公铁多式联运选址路径优化模型，并对不确定模型进行去模糊化处理，针对模糊机会约束规划模型，进行了算例求解，对班列运输能力和运输时间等参数进行了灵敏度分析，有关研究对洲际陆路公铁多式联运相关决策制定有一定指导意义。

5.1　不确定条件下的洲际公铁多式联运网络

5.1.1　多式联运网络结构

不确定条件下的洲际公铁多式联运网络如图 5-1 所示，与第四章的运输网络相比，其突出特点表现在作业时间、班列运输能力和运输时间的不确定性方面。

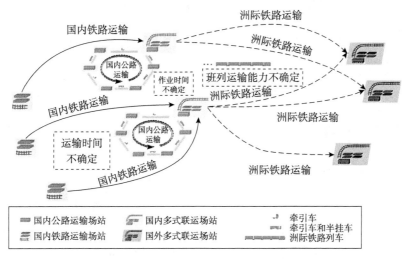

图 5-1　不确定条件下的洲际公铁多式联运网络示意

运输网络中的牵引车节点连接情况如图 5-2 所示，图中给出了牵引车途经场站的可能情况，展现了牵引车完成运输循环后回到中心场站的过程。

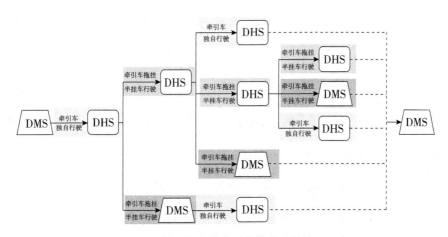

图 5-2　运输网络中的牵引车节点连接情况示意

　　运输网络中的干线节点连接情况如图 5-3 所示，在不确定网络条件下，干线节点连接方案与班列运输能力、运输时间的不确定性紧密联系。

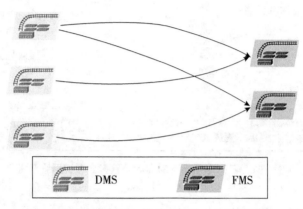

图 5-3　运输网络中的干线节点连接情况示意

5.1.2　运输时间分析

　　不确定条件下的洲际公铁多式联运网络的运输时间也存在不确定性，本部分从运输网络中牵引车位置、集装箱位置随时间变化分析入手，旨在为后续时间不确定性研究提供分析基础。洲际公铁多式联运网络中运输时间的复杂性主要受集装箱位置、公铁多式联运衔接和作业时间等因素影响。本部分主要分析了各种情况下的网络运输时间随不同路径和作业流程变化的特点。

　　在牵引车路径循环中，若牵引车不向 DMS 进行公铁多式联运集货，则其位置随时间变化的情况如图 5-4 所示。牵引车从 DMS 出发，独自行驶到 DHS，在 DHS 装载集装箱半挂车，行驶到下一

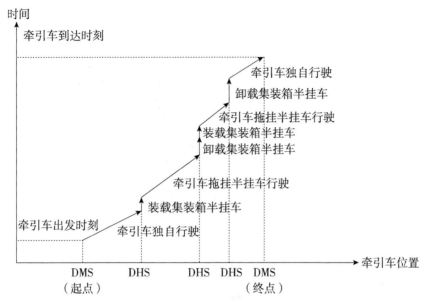

图 5-4　牵引车位置随时间变化情况示意（路径中不存在公铁多式联运集货）

DHS，此时牵引车可能在 DHS 进行卸载和装载集装箱半挂车作业，也可能只进行卸载集装箱半挂车作业（图 5-4 显示的是牵引车进行卸载和装载集装箱半挂车作业），然后，牵引车到达下一DHS，卸载集装箱半挂车，最后独自行驶到 DMS。此过程中出现的 DMS 只起到中心场站的牵引车停车和整备作用，不承担货物交换功能。

在牵引车路径循环中，若牵引车途经 DMS 进行公铁多式联运集货作业，则其位置随时间变化的情况如图 5-5 所示。该循环中存在两类 DMS，一类是牵引车的中心场站，另一类是洲际公铁多式联运集货场站，在同一路径中，两类 DMS 可以是相同的，也可以是不同的。在此种情况下，牵引车拖挂集装箱半挂车到达 DMS

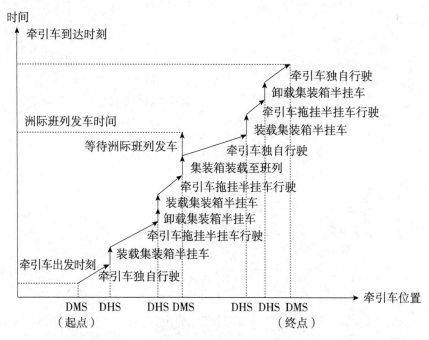

图5-5　牵引车位置随时间变化情况示意（路径中存在公铁多式联运集货）

后，卸载集装箱半挂车，集装箱在 DMS 等待洲际铁路班列发车，此时牵引车独自行驶到下一 DHS，进行后续的运输路径作业。

公铁多式联运网络中，洲际班列的集货方式不同，每列班列集装箱的位置随时间变化也存在较大差异，图 5-6 显示了不同班列集货的集装箱在公路、铁路网络节点中的位移情况。以图 5-6 中 2 列国内铁路列车和 4 台牵引车集货为例，牵引车 A、B 在 DMS 第一列洲际班列发车前到达，牵引车 C 和国内铁路列车 A 在 DMS 第二列洲际班列发车前到达，牵引车 D 和国内铁路列车 B 在 DMS 第三列洲际班列发车前到达。

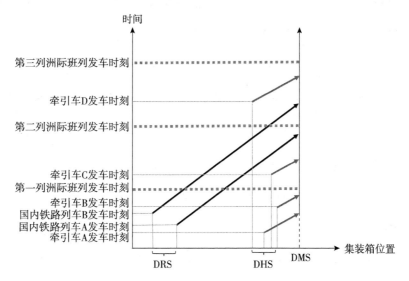

图 5-6　多式联运网络中集装箱位置随时间变化示意

5.2　不确定条件分析

5.2.1　时间不确定性

以中欧班列为代表的洲际公铁多式联运系统，时效性是其与海运相比主要的优势，故本章将时间不确定性对联运系统的影响纳入模型考虑。

在洲际公铁多式联运系统中，时间消耗主要发生在路径运输和节点作业上，在运输实践中，货物始发节点和公铁多式联运枢纽节点等各个节点的作业能力存在较大差异，这是中欧班列运输延误的重要因素，故本问题将运输系统的时间不确定性考虑在内，包括牵引车从 DMS 发车时间的不确定性、牵引车途经各个场站到达时间的不确定性、DHS 集装箱装卸作业时间的不确定性及 DMS 公铁多式联运集装箱装卸作业时间的不确定性。

其中，本问题将牵引车从 DMS 发车时间的不确定性和牵引车途经各个场站到达时间的不确定性作为决策变量，将 DHS 集装箱装卸作业时间的不确定性和 DMS 公铁多式联运集装箱装卸作业时间的不确定性作为模糊参数。

运输时间影响着服务满意度，在适中时间（t_2 左右）客户满意度较高，过早的时间（t_1）和过晚的时间（t_3）都会降低客户满意度[129]。客户满意度可以用三角模糊数来表示[130]，如图 5-7 所示。

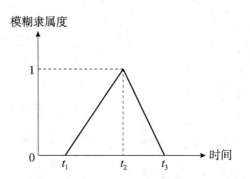

图 5-7　运输时间和客户满意度的三角模糊数

三角模糊数如式（5-1）所示，其中，模糊时间参数下限为 t_1，满意度最高为 t_2，上限为 t_3[131]。最短时间 t_1 和最长时间 t_3 的客户满意度均最低，适中时间 t_2 的客户满意度最高。

$$\tilde{t} = (t_1,\ t_2,\ t_3) \tag{5-1}$$

5.2.2 运输能力不确定性

在中欧班列运行实践中，随着班列开行城市和总集装箱运输量的增加，班列开行由最初的国内节点对国外节点的点对点模式，向着国内集拼集结后发送至国外节点的模式转型。受限于开行城市间的运输组织协调尚未全面展开，目前国内集拼集结后发送至国外节点的模式只是在部分城市进行了试点探索。这类复杂的集拼集结是中欧班列未来集约化发展的重要途径。

中欧班列在不同城市间集拼集结的种类较多，包括同一货源腹地城市间的集拼集结、跨区域货源腹地间的集拼集结、开行城市到口岸站的集拼集结等，为了便于在模型中分析测算，这里引入运输能力不确定性概念，力求对洲际公铁多式联运的复杂集拼集结问题进行归纳总结及分析求解。

本问题用三角模糊数表示运输能力不确定性，如图 5-8 所示，其中，下限为 c_1，满意度最高为 c_2，上限为 c_3，如式（5-2）所示，当取值为下限或上限时，班列的集结难度较高，客户满意度较低，上限由 DMS 节点的最大能力确定。

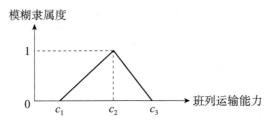

图 5-8 运输能力和客户满意度的三角模糊数

$$\tilde{c} = (c_1,\ c_2,\ c_3) \tag{5-2}$$

5.3 不确定条件下的洲际公铁多式联运优化模型

在第四章模型基础上，不确定条件下的洲际公铁多式联运优化模型是针对不确定的运输时间和运输能力，利用模糊化目标函数和模糊化约束条件方法确立的。

5.3.1 参数设定

1. 集合

集合参数设定见表4-3。

2. 常量

常量参数设定见表5-1。

表 5-1   常量参数设定

常量	描述
$\widetilde{t^{uh}}$	公路层的集装箱模糊卸载时间，$\widetilde{t^{uh}} = (t_1{}^{uh},\ t_2{}^{uh},\ t_3{}^{uh})$
$\widetilde{t^{lh}}$	公路层的集装箱模糊装载时间，$\widetilde{t^{lh}} = (t_1{}^{lh},\ t_2{}^{lh},\ t_3{}^{lh})$
$\widetilde{t^{lm}}$	铁路层的集装箱模糊装载时间，$\widetilde{t^{lm}} = (t_1{}^{lm},\ t_2{}^{lm},\ t_3{}^{lm})$
v^{hl}	牵引车独自行驶时的平均行驶速度
v^{ht}	牵引车拖挂半挂车时的平均行驶速度
v^{rd}	国内段铁路运输平均速度
v^{rf}	国际段铁路运输平均速度
t^m	牵引车每个循环的行驶时间上限
$\tilde{c}$	洲际班列的模糊运输能力，$\tilde{c} = (c_1,\ c_2,\ c_3)$

续　表

常量	描述
f_t	牵引车拖挂半挂车的行驶费用
f_l	牵引车独自行驶的费用
f_d	国内铁路运输行驶费用
f_i	国际铁路运输行驶费用
o_l	集装箱在公路层的装卸费用
o_t	集装箱在铁路层的装卸费用
s	集装箱的存储费用
M	足够大的正整数

3. 决策变量

决策变量参数设定见表5-2。

表5-2　　　　　　　　　　　决策变量参数设定

决策变量	描述
x_{ijq}^l	0-1变量，当牵引车 $q \in Q$ 独自行驶，经过弧 $(i, j) \in \{(i, j) \mid i, j \in V_{dm} \cup V_{dh}$ 且 $i \neq j\}$ 时取1，否则取0
x_{ijq}^t	0-1变量，当牵引车 $q \in Q$ 拖挂半挂车行驶，经过弧 $(i, j) \in \{(i, j) \mid i, j \in V_{dm} \cup V_{dh}$ 且 $i \neq j\}$ 时取1，否则取0
ε_{jq}	0-1变量，当牵引车 $q \in Q$ 自点 $j \in V_{dm}$ 出发时取1，否则取0
α_{ijkn}	0-1变量，当国内公路运输场站 $i \in V_{dh}$ 发往国外多式联运场站 $k \in V_{fm}$ 的货物由国内多式联运场站 $j \in V_{dm}$ 的第 n 趟班次运输时取1，否则取0
β_{ijkn}	0-1变量，当国内铁路运输场站 $i \in V_{dr}$ 发往国外多式联运场站 $k \in V_{fm}$ 的货物由国内多式联运场站 $j \in V_{dm}$ 的第 n 趟班次运输时取1，否则取0

续　表

决策变量	描述
y_{jkn}	0-1 变量，当国内多式联运场站 $j \in V_{dm}$ 发往国外多式联运场站 $k \in V_{fm}$ 的第 n 趟班次运输时取 1，否则取 0
$\tilde{t}_q^s$	模糊非负变量，表示牵引车 $q \in Q$ 的发车时间，$\tilde{t}_q^s = (t_{1q}^s, t_{2q}^s, t_{3q}^s)$
$\tilde{t}_{iq}^a$	模糊非负变量，表示牵引车 $q \in Q$ 到达国内公路运输场站或国内多式联运场站 $i \in V_{dm} \cup V_{dh}$ 的时间，$\tilde{t}_{iq}^a = (t_{1iq}^a, t_{2iq}^a, t_{3iq}^a)$

5.3.2　数学模型

1. 目标函数

模型的目标函数为洲际公铁多式联运系统的总成本，综合考虑了路径成本和节点成本。在不同的运输网络中，公路和铁路运输占据了不同的成本比例，总成本受多种因素影响，包括公铁多式联运网络的复杂度、铁路和公路运距、节点作业时间等。对式（5-3）进行合并处理，可以得到目标函数式（5-4）。

$$
\begin{aligned}
\min z = & \sum_{q \in Q} \sum_{i \in V_{dm} \cup V_{dh}} \sum_{j \in V_{dm} \cup V_{dh}} (l_{ij}^h \cdot f_t \cdot x_{ijq}^t + l_{ij}^h \cdot f_l \cdot x_{ijq}^l) + \\
& \sum_{n \in N} \sum_{j \in V_{dm}} \sum_{k \in V_{fm}} \tilde{c} \cdot l_{jk}^f \cdot f_i \cdot y_{jkn} + \sum_{n \in N} \sum_{i \in V_{dr}} \sum_{j \in V_{dm}} \sum_{k \in V_{fm}} d_{ik}^r \cdot l_{ij}^r \cdot f_d \cdot \beta_{ijkn} + \\
& \sum_{q \in Q} \sum_{i \in V_{dm} \cup V_{dh}} \sum_{j \in V_{dm} \cup V_{dh}} o_l \cdot (x_{ijq}^t + x_{ijq}^l) + \sum_{n \in N} \sum_{j \in V_{dm}} \sum_{k \in V_{fm}} o_t \cdot y_{jkn} + \\
& \sum_{n \in N} \sum_{i \in V_{dr}} \sum_{j \in V_{dm}} \sum_{k \in V_{fm}} o_t \cdot \beta_{ijkn} + \\
& \sum_{q \in Q} \sum_{i \in V_{dm} \cup V_{dh}} \sum_{j \in V_{dm} \cup V_{dh}} (\widetilde{t^{uh}} \cdot x_{ijq}^t + \widetilde{t^{lh}} \cdot x_{ijq}^l) \cdot s +
\end{aligned}
$$

$$\sum_{i \in V_{dr}} \sum_{k \in V_{fm}} \widetilde{t^{lm}} \cdot d_{ik}^f \cdot s \qquad (5\text{-}3)$$

$$\mathrm{min}z = \sum_{q \in Q} \sum_{i \in V_{dm} \cup V_{dh}} \sum_{j \in V_{dm} \cup V_{dh}} [\, l_{ij}^h \cdot f_t \cdot x_{ijq}^t + l_{ij}^h \cdot f_l \cdot x_{ijq}^l + o_l \cdot (x_{ijq}^t + x_{ijq}^l) \,] +$$

$$\sum_{n \in N} \sum_{j \in V_{dm}} \sum_{k \in V_{fm}} [\, \tilde{c} \cdot l_{jk}^f \cdot f_i + o_t \,] \cdot y_{jkn} +$$

$$\sum_{n \in N} \sum_{i \in V_{dr}} \sum_{j \in V_{dm}} \sum_{k \in V_{fm}} (d_{ik}^r \cdot l_{ij}^r \cdot f_d + o_t) \cdot \beta_{ijkn} +$$

$$\sum_{q \in Q} \sum_{i \in V_{dm} \cup V_{dh}} \sum_{j \in V_{dm} \cup V_{dh}} (\widetilde{t^{uh}} \cdot x_{ijq}^t + \widetilde{t^{lh}} \cdot x_{ijq}^l) \cdot s +$$

$$\sum_{i \in V_{dr}} \sum_{k \in V_{fm}} \widetilde{t^{lm}} \cdot d_{ik}^f \cdot s \qquad (5\text{-}4)$$

2. 约束条件

（1）基础约束

约束（5-5）至约束（5-18）来源于本书第三章和第四章的模型，表示不确定条件下的洲际公铁多式联运选址路径优化模型的基础约束条件。

$$x_{ijq}^t + x_{ijq}^l \leqslant 1, \quad \forall\, i \in V_{dm} \cup V_{dh},\ j \in V_{dm} \cup V_{dh},\ q \in Q \qquad (5\text{-}5)$$

$$\sum_{i \in V_{dm} \cup V_{dh}} (x_{ijq}^t + x_{ijq}^l) - M(1 - \varepsilon_{jq}) \leqslant \varepsilon_{jq}, \quad \forall\, j \in V_{dm},\ q \in Q \qquad (5\text{-}6)$$

$$\sum_{i \in V_{dm} \cup V_{dh}} (x_{ijq}^t + x_{ijq}^l) + M(1 - \varepsilon_{jq}) \geqslant \varepsilon_{jq}, \quad \forall\, j \in V_{dm},\ q \in Q \qquad (5\text{-}7)$$

$$\sum_{i \in V_{dh}} x_{jiq}^l - M(1 - \varepsilon_{jq}) \leqslant \varepsilon_{jq}, \quad \forall\, j \in V_{dm},\ q \in Q \qquad (5\text{-}8)$$

$$\sum_{i \in V_{dh}} x_{jiq}^l + M(1 - \varepsilon_{jq}) \geqslant \varepsilon_{jq}, \quad \forall\, j \in V_{dm},\ q \in Q \qquad (5\text{-}9)$$

$$\sum_{j \in V_{dm}} \varepsilon_{jq} = 1, \quad \forall\, q \in Q \qquad (5\text{-}10)$$

$$\sum_{i \in V_{dm} \cup V_{dh}} (x_{ijq}^t + x_{ijq}^l) = \sum_{k \in V_{dm} \cup V_{dh}} (x_{jkq}^t + x_{jkq}^l)，\quad \forall j \in V_{dm} \cup V_{dh}，q \in Q$$

$$(5-11)$$

$$\sum_{i \in V_{dm} \cup V_{dh}} \sum_{j \in V_{dm} \cup V_{dh}} l_{ij}^h \left(\frac{x_{ijq}^t}{v^{ht}} + \frac{x_{ijq}^l}{v^{hl}} \right) \leqslant t^m，\quad \forall q \in Q \qquad (5-12)$$

$$\sum_{q \in Q} x_{ijq}^t = d_{ij}^h，\quad \forall i \in V_{dh}，j \in V_{dm} \qquad (5-13)$$

$$\sum_{q \in Q} x_{ijq}^t - M(1 - \alpha_{ijkn}) \leqslant d_{ik}^f，\quad \forall n \in N，i \in V_{dh}，j \in V_{dm}，k \in V_{fm}$$

$$(5-14)$$

$$\sum_{q \in Q} x_{ijq}^t + M(1 - \alpha_{ijkn}) \geqslant d_{ik}^f，\quad \forall n \in N，i \in V_{dh}，j \in V_{dm}，k \in V_{fm}$$

$$(5-15)$$

$$\sum_{n \in N} \sum_{j \in V_{dm}} \alpha_{ijkn} = 1，\quad \forall i \in V_{dh}，k \in V_{fm} \qquad (5-16)$$

$$\sum_{n \in N} \sum_{j \in V_{dm}} \beta_{ijkn} = 1，\quad \forall i \in V_{dr}，k \in V_{fm} \qquad (5-17)$$

$$y_{jkn} \geqslant \frac{\sum_{i \in V_{dh}} \alpha_{ijkn} + \sum_{i \in V_{dr}} \beta_{ijkn}}{|V_{dh}| + |V_{dr}|} (\forall j \in V_{dm}，k \in V_{fm}，n \in N) \quad (5-18)$$

（2）模糊约束

约束（5-19）表示洲际铁路班列的模糊运载能力约束，该约束保证了从 DHS 和 DRS 场站集货来的集装箱经由某班列运输时该班列运载的集装箱数量不超过模糊参数 $\tilde{c}$ 。

约束（5-20）至约束（5-25）采用了大 M 法进行约束条件表达式的线性化处理，该系列约束表示牵引车从中心场站 DMS 出发后到达下一个 DHS 场站的时间约束，约束表明，由于牵引车不能连续独自行驶两段路径，故中心场站 DMS 的下一场站是 DHS 场站。约束通过三角模糊数展开，时间下限为 t_1，上限为 t_3，中位为 t_2。

约束（5-26）至约束（5-37）表示牵引车从 DMS 场站出发到达 DHS 场站之后的路径时间约束，该系列时间约束为公路层的时间约束，DHS 下一个场站可能为 DMS 或 DHS，时间约束中考虑了场站的装卸操作时间 $\widetilde{t^{lh}}$ 和 $\widetilde{t^{uh}}$。

$$\sum_{i \in V_{dh}} \alpha_{ijkn} \cdot d_{ik}^{f} + \sum_{i \in V_{dr}} \beta_{ijkn} \cdot d_{ik}^{r} \leq \tilde{c}, \quad \forall n \in N, \ j \in V_{dm}, \ k \in V_{fm} \quad (5\text{-}19)$$

$$t_{1q}^{s} + \frac{l_{ij}^{h}}{v^{hl}} - M(2 - \varepsilon_{iq} - x_{ijq}^{l}) \leq t_{1jq}^{a}, \quad \forall i \in V_{dm}, \ j \in V_{dh}, \ q \in Q \quad (5\text{-}20)$$

$$t_{1q}^{s} + \frac{l_{ij}^{h}}{v^{hl}} + M(2 - \varepsilon_{iq} - x_{ijq}^{l}) \geq t_{1jq}^{a}, \quad \forall i \in V_{dm}, \ j \in V_{dh}, \ q \in Q \quad (5\text{-}21)$$

$$t_{2q}^{s} + \frac{l_{ij}^{h}}{v^{hl}} - M(2 - \varepsilon_{iq} - x_{ijq}^{l}) \leq t_{2jq}^{a}, \quad \forall i \in V_{dm}, \ j \in V_{dh}, \ q \in Q \quad (5\text{-}22)$$

$$t_{2q}^{s} + \frac{l_{ij}^{h}}{v^{hl}} + M(2 - \varepsilon_{iq} - x_{ijq}^{l}) \geq t_{2jq}^{a}, \quad \forall i \in V_{dm}, \ j \in V_{dh}, \ q \in Q \quad (5\text{-}23)$$

$$t_{3q}^{s} + \frac{l_{ij}^{h}}{v^{hl}} - M(2 - \varepsilon_{iq} - x_{ijq}^{l}) \leq t_{3jq}^{a}, \quad \forall i \in V_{dm}, \ j \in V_{dh}, \ q \in Q \quad (5\text{-}24)$$

$$t_{3q}^{s} + \frac{l_{ij}^{h}}{v^{hl}} + M(2 - \varepsilon_{iq} - x_{ijq}^{l}) \geq t_{3jq}^{a}, \quad \forall i \in V_{dm}, \ j \in V_{dh}, \ q \in Q$$

$$(5\text{-}25)$$

$$t_{1\,iq}^{\,a} + t_1^{\,lh} + \frac{l_{ij}^h}{v^{ht}} - M(1 - x_{ijq}^t) \leqslant t_{1\,jq}^{\,a}, \quad \forall\, i \in V_{dh}, \; j \in V_{dm} \cup V_{dh}, \; q \in Q$$

$$(5-26)$$

$$t_{1\,iq}^{\,a} + t_1^{\,lh} + \frac{l_{ij}^h}{v^{ht}} + M(1 - x_{ijq}^t) \geqslant t_{1\,jq}^{\,a}, \quad \forall\, i \in V_{dh}, \; j \in V_{dm} \cup V_{dh}, \; q \in Q$$

$$(5-27)$$

$$t_{2\,iq}^{\,a} + t_2^{\,lh} + \frac{l_{ij}^h}{v^{ht}} - M(1 - x_{ijq}^t) \leqslant t_{2\,jq}^{\,a}, \quad \forall\, i \in V_{dh}, \; j \in V_{dm} \cup V_{dh}, \; q \in Q$$

$$(5-28)$$

$$t_{2\,iq}^{\,a} + t_2^{\,lh} + \frac{l_{ij}^h}{v^{ht}} + M(1 - x_{ijq}^t) \geqslant t_{2\,jq}^{\,a}, \quad \forall\, i \in V_{dh}, \; j \in V_{dm} \cup V_{dh}, \; q \in Q$$

$$(5-29)$$

$$t_{3\,iq}^{\,a} + t_3^{\,lh} + \frac{l_{ij}^h}{v^{ht}} - M(1 - x_{ijq}^t) \leqslant t_{3\,jq}^{\,a}, \quad \forall\, i \in V_{dh}, \; j \in V_{dm} \cup V_{dh}, \; q \in Q$$

$$(5-30)$$

$$t_{3\,iq}^{\,a} + t_3^{\,lh} + \frac{l_{ij}^h}{v^{ht}} + M(1 - x_{ijq}^t) \geqslant t_{3\,jq}^{\,a}, \quad \forall\, i \in V_{dh}, \; j \in V_{dm} \cup V_{dh}, \; q \in Q$$

$$(5-31)$$

$$t_{1\,iq}^{\,a} + t_1^{\,uh} + \frac{l_{ij}^h}{v^{hl}} - M(1 - x_{ijq}^t) \leqslant t_{1\,jq}^{\,a}, \quad \forall\, i \in V_{dh}, \; j \in V_{dm} \cup V_{dh}, \; q \in Q$$

$$(5-32)$$

$$t_{1\,iq}^{\,a} + t_1^{\,uh} + \frac{l_{ij}^h}{v^{hl}} + M(1 - x_{ijq}^t) \geqslant t_{1\,jq}^{\,a}, \quad \forall\, i \in V_{dh}, \; j \in V_{dm} \cup V_{dh}, \; q \in Q$$

$$(5-33)$$

$$t_2{}_{iq}^a + t_2{}^{uh} + \frac{l_{ij}^h}{v^{hl}} - M(1 - x_{ijq}^t) \leqslant t_2{}_{jq}^a, \quad \forall\, i \in V_{dh},\ j \in V_{dm} \cup V_{dh},\ q \in Q$$

$$(5\text{-}34)$$

$$t_2{}_{iq}^a + t_2{}^{uh} + \frac{l_{ij}^h}{v^{hl}} + M(1 - x_{ijq}^t) \geqslant t_2{}_{jq}^a, \quad \forall\, i \in V_{dh},\ j \in V_{dm} \cup V_{dh},\ q \in Q$$

$$(5\text{-}35)$$

$$t_3{}_{iq}^a + t_3{}^{uh} + \frac{l_{ij}^h}{v^{hl}} - M(1 - x_{ijq}^t) \leqslant t_3{}_{jq}^a, \quad \forall\, i \in V_{dh},\ j \in V_{dm} \cup V_{dh},\ q \in Q$$

$$(5\text{-}36)$$

$$t_3{}_{iq}^a + t_3{}^{uh} + \frac{l_{ij}^h}{v^{hl}} + M(1 - x_{ijq}^t) \geqslant t_3{}_{jq}^a, \quad \forall\, i \in V_{dh},\ j \in V_{dm} \cup V_{dh},\ q \in Q$$

$$(5\text{-}37)$$

约束（5-38）至约束（5-49）表示牵引车完成行驶循环后回到中心场站 DMS 的时间约束，牵引车回到中心场站前，可能位于其他 DMS 场站或 DHS 场站。

$$t_1{}_{iq}^a + t_1{}^{lh} + \frac{l_{ij}^h}{v^{ht}} - M(2 - x_{ijq}^t - \varepsilon_{jq}) \leqslant t_1{}_{jq}^a, \quad \forall\, i \in V_{dh},\ j \in V_{dm},\ q \in Q$$

$$(5\text{-}38)$$

$$t_1{}_{iq}^a + t_1{}^{lh} + \frac{l_{ij}^h}{v^{ht}} + M(2 - x_{ijq}^t - \varepsilon_{jq}) \geqslant t_1{}_{jq}^a, \quad \forall\, i \in V_{dh},\ j \in V_{dm},\ q \in Q$$

$$(5\text{-}39)$$

$$t_2{}_{iq}^a + t_2{}^{lh} + \frac{l_{ij}^h}{v^{ht}} - M(2 - x_{ijq}^t - \varepsilon_{jq}) \leqslant t_2{}_{jq}^a, \quad \forall\, i \in V_{dh},\ j \in V_{dm},\ q \in Q$$

$$(5\text{-}40)$$

$$t_{2iq}^{\,a} + t_2^{\,lh} + \frac{l_{ij}^h}{v^{ht}} + M(2 - x_{ijq}^t - \varepsilon_{jq}) \geqslant t_{2jq}^{\,a}, \quad \forall\, i \in V_{dh},\ j \in V_{dm},\ q \in Q$$

$$(5\text{--}41)$$

$$t_{3iq}^{\,a} + t_3^{\,lh} + \frac{l_{ij}^h}{v^{ht}} - M(2 - x_{ijq}^t - \varepsilon_{jq}) \leqslant t_{3jq}^{\,a}, \quad \forall\, i \in V_{dh},\ j \in V_{dm},\ q \in Q$$

$$(5\text{--}42)$$

$$t_{3iq}^{\,a} + t_3^{\,lh} + \frac{l_{ij}^h}{v^{ht}} + M(2 - x_{ijq}^t - \varepsilon_{jq}) \geqslant t_{3jq}^{\,a}, \quad \forall\, i \in V_{dh},\ j \in V_{dm},\ q \in Q$$

$$(5\text{--}43)$$

$$t_{1iq}^{\,a} + t_1^{\,uh} + \frac{l_{ij}^h}{v^{hl}} - M(2 - x_{ijq}^t - \varepsilon_{jq}) \leqslant t_{1jq}^{\,a}, \quad \forall\, i \in V_{dh},\ j \in V_{dm},\ q \in Q$$

$$(5\text{--}44)$$

$$t_{1iq}^{\,a} + t_1^{\,uh} + \frac{l_{ij}^h}{v^{hl}} + M(2 - x_{ijq}^t - \varepsilon_{jq}) \geqslant t_{1jq}^{\,a}, \quad \forall\, i \in V_{dh},\ j \in V_{dm},\ q \in Q$$

$$(5\text{--}45)$$

$$t_{2iq}^{\,a} + t_2^{\,uh} + \frac{l_{ij}^h}{v^{hl}} - M(2 - x_{ijq}^t - \varepsilon_{jq}) \leqslant t_{2jq}^{\,a}, \quad \forall\, i \in V_{dh},\ j \in V_{dm},\ q \in Q$$

$$(5\text{--}46)$$

$$t_{2iq}^{\,a} + t_2^{\,uh} + \frac{l_{ij}^h}{v^{hl}} + M(2 - x_{ijq}^t - \varepsilon_{jq}) \geqslant t_{2jq}^{\,a}, \quad \forall\, i \in V_{dh},\ j \in V_{dm},\ q \in Q$$

$$(5\text{--}47)$$

$$t_{3iq}^{\,a} + t_3^{\,uh} + \frac{l_{ij}^h}{v^{hl}} - M(2 - x_{ijq}^t - \varepsilon_{jq}) \leqslant t_{3jq}^{\,a}, \quad \forall\, i \in V_{dh},\ j \in V_{dm},\ q \in Q$$

$$(5\text{--}48)$$

$$t_{3iq}^{a} + t_3^{uh} + \frac{l_{ij}^{h}}{v^{hl}} + M(2 - x_{ijq}^{t} - \varepsilon_{jq}) \geqslant t_{3jq}^{a}, \quad \forall i \in V_{dh}, j \in V_{dm}, q \in Q$$

$$(5-49)$$

约束（5-50）表示国内公路运输场站发出的洲际班列货物到达时间早于班列发车时间，模型默认铁路为直达运输，可以按时到达国内多式联运场站。在本模型中，牵引车和国内铁路运输的集装箱可能搭载任何一个符合时间约束的集装箱班列，但集装箱在 DMS 场站时间的增加会导致仓储成本提高，影响目标函数。

$$\tilde{t}_{jq}^{a} + \widetilde{t^{lm}} - M(2 - x_{ijq}^{t} - \alpha_{ijkn}) \leqslant t_{jkn}^{p}, \quad \forall i \in V_{dh}, j \in V_{dm}, k \in V_{fm},$$

$$q \in Q, n \in N \qquad (5-50)$$

5.4 模型去模糊化

5.4.1 去模糊化方法

去模糊化方法广泛应用于各类优化问题，随着运输优化问题模型复杂度的不断提升，去模糊化方法的应用越来越广泛。

模糊集合理论是将描述对象的模糊概念作为模糊集合，建立隶属函数，通过模糊集合的运算，对模糊对象进行分析。对于系统 U，若将模糊集合记为 A，则将 $\mu_A(\cdot)$ 记为模糊集合 A 的隶属函数，对于每个 $x \in U$，$\mu_A(x)$ 为元素 x 对模糊集合 A 的隶属度。模糊集合也常用表达式解析法来表示。

本书采用基于模糊可信度的去模糊化方法[132]，根据 Zheng 等[133]和 Zarandi 等[134]的研究，可能性和必要性测度是非自对偶的，而可信性测度是自对偶的。即使模糊事件的可能性等于 1，模糊事件也可能不发生，即使其必要性等于 0，模糊事件也可能发生，而可信性方法可以规避以上问题。

前述模型表达式是带有模糊参数的 MILP 模型，对该类模型进行求解，首先，要进行去模糊化处理，包括约束条件的去模糊化和目标函数的去模糊化；其次，模糊模型将通过机会约束转化为清晰的线性模型，进而实现模型求解；最后，通过对模型中包括模糊参数在内的各类参数进行灵敏度分析，可进一步得到具有参考意义的结果。

5.4.2 约束条件去模糊化

约束（5-19）和约束（5-50）为模糊约束，$\tilde{c}$、$\tilde{t}_{jq}^{a}$ 和 $\widetilde{t^{lm}}$ 为模糊参数，$\mathrm{Cr}\{\cdot\}$ 代表其可信度，分别推导为式（5-51）和式（5-52）所示。在式（5-51）中，μ 代表洲际班列的服务水平，λ 代表客户服务满意度。

$$\mathrm{Cr}\Big\{\sum_{i \in V_{dh}} \alpha_{ijkn} \cdot d_{ik}^{f} + \sum_{i \in V_{dr}} \beta_{ijkn} \cdot d_{ik}^{r} \leqslant \tilde{c}\Big\} \geqslant \mu, \ \forall n \in N, \ j \in V_{dm}, \ k \in V_{fm}$$

$$(5\text{-}51)$$

$$\mathrm{Cr}\{\tilde{t}_{jq}^{a} + \widetilde{t^{lm}} - M(2 - x_{ijq}^{t} - \alpha_{ijkn}) \leqslant t_{jkn}^{p}\} \geqslant \lambda, \ \forall i \in V_{dh}, \ j \in V_{dm},$$
$$k \in V_{fm}, \ q \in Q, \ n \in N \qquad (5\text{-}52)$$

式（5-51）和式（5-52）可以进一步表示为式（5-53）和式（5-54）。

$$\mathrm{Cr}\left\{\begin{bmatrix}c_1 - \sum\limits_{i \in V_{dh}}\alpha_{ijkn}\cdot d_{ik}^f - \sum\limits_{i \in V_{dr}}\beta_{ijkn}\cdot d_{ik}^r,\\ c_2 - \sum\limits_{i \in V_{dh}}\alpha_{ijkn}\cdot d_{ik}^f - \sum\limits_{i \in V_{dr}}\beta_{ijkn}\cdot d_{ik}^r,\\ c_3 - \sum\limits_{i \in V_{dh}}\alpha_{ijkn}\cdot d_{ik}^f - \sum\limits_{i \in V_{dr}}\beta_{ijkn}\cdot d_{ik}^r,\end{bmatrix} \geqslant 0\right\} \geqslant \mu \qquad (5-53)$$

$$\mathrm{Cr}\left\{\begin{bmatrix}t_{jkn}^p - t_{1jq}^a - t_1^{lm} + M(2 - x_{ijq}^t - \alpha_{ijkn}),\\ t_{jkn}^p - t_{2jq}^a - t_2^{lm} + M(2 - x_{ijq}^t - \alpha_{ijkn}),\\ t_{jkn}^p - t_{3jq}^a - t_3^{lm} + M(2 - x_{ijq}^t - \alpha_{ijkn}),\end{bmatrix} \geqslant 0\right\} \geqslant \lambda \qquad (5-54)$$

在式（5-55）中，r 为确定数，$\tilde{b}$ 为三角模糊数，其中，$\tilde{b} = (b_1, b_2, b_3)$，$b_1 < b_2 < b_3$。[108]

$$\mathrm{Cr}\{\tilde{b} \geqslant r\} = \begin{cases} 1, & 若 r \leqslant b_1 \\ \dfrac{2b_2 - b_1 - r}{2(b_2 - b_1)}, & 若 b_1 \leqslant r \leqslant b_2 \\ \dfrac{b_3 - r}{2(b_3 - b_2)}, & 若 b_2 \leqslant r \leqslant b_3 \\ 0, & 若 r \geqslant b_3 \end{cases} \qquad (5-55)$$

根据 Wang 等[135]的研究，式（5-55）中 $\mathrm{Cr}\{\tilde{b} \geqslant r\} \geqslant \alpha$ 可用式（5-56）和式（5-57）来表示。

$$2\alpha \cdot b_2 - (2\alpha - 1)\cdot b_3 \geqslant \alpha, \ 若 0 \leqslant \alpha \leqslant 0.5 \qquad (5-56)$$

$$2(1 - \alpha)\cdot b_2 + (2\alpha - 1)\cdot b_1 \geqslant \alpha, \ 若 0.5 \leqslant \alpha \leqslant 1 \qquad (5-57)$$

式（5-51）可进一步用式（5-58）和式（5-59）表示：

$$2\mu \cdot c_2 - (2\mu - 1) \cdot c_3 \geqslant \sum_{i \in V_{dh}} \alpha_{ijkn} \cdot d_{ik}^f + \sum_{i \in V_{dr}} \beta_{ijkn} \cdot d_{ik}^r + \mu,$$

$$0 \leqslant \mu \leqslant 0.5, \ \forall\, n \in N, \ j \in V_{dm}, \ k \in V_{fm} \qquad (5\text{-}58)$$

$$2(1 - \mu) \cdot c_2 + (2\mu - 1) \cdot c_1 \geqslant \sum_{i \in V_{dh}} \alpha_{ijkn} \cdot d_{ik}^f + \sum_{i \in V_{dr}} \beta_{ijkn} \cdot d_{ik}^r + \mu,$$

$$0.5 \leqslant \mu \leqslant 1, \ \forall\, n \in N, \ j \in V_{dm}, \ k \in V_{fm} \qquad (5\text{-}59)$$

式（5-52）可进一步用式（5-60）和式（5-61）表示：

$$2\lambda \cdot [\, t_{jkn}^p - t_{2jq}^a - t_2^{lm} + M(2 - x_{ijq}^t - \alpha_{ijkn})\,]$$

$$\geqslant (2\lambda - 1) \cdot [\, t_{jkn}^p - t_{3jq}^a - t_3^{lm} + M(2 - x_{ijq}^t - \alpha_{ijkn})\,] + \lambda$$

$$0 \leqslant \lambda \leqslant 0.5; \ \forall\, i \in V_{dh}, \ j \in V_{dm}, \ k \in V_{fm}, \ q \in Q, \ n \in N$$

$$\qquad (5\text{-}60)$$

$$2(1 - \lambda) \cdot [\, t_{jkn}^p - t_{2jq}^a - t_2^{lm} + M(2 - x_{ijq}^t - \alpha_{ijkn})\,]$$

$$\geqslant (1 - 2\lambda) \cdot [\, t_{jkn}^p - t_{1jq}^a - t_1^{lm} + M(2 - x_{ijq}^t - \alpha_{ijkn})\,] + \lambda$$

$$0.5 \leqslant \lambda \leqslant 1, \ \forall\, i \in V_{dh}, \ j \in V_{dm}, \ k \in V_{fm}, \ q \in Q, \ n \in N$$

$$\qquad (5\text{-}61)$$

5.4.3 目标函数去模糊化

模糊期望值模型被广泛应用于模糊目标函数的处理[136]，三角模糊数 $\tilde{x} = (x_1, x_2, x_3)$ 的期望值可表达为式（5-62）。[137]

$$E[\tilde{x}] = \frac{x_1 + 2x_2 + x_3}{4} \qquad (5\text{-}62)$$

因此，可将目标函数转化为式（5-63）。

$$
\begin{aligned}
\min z = &\sum_{q \in Q} \sum_{i \in V_{dm} \cup V_{dh}} \sum_{j \in V_{dm} \cup V_{dh}} \left[l_{ij}^h \cdot f_t \cdot x_{ijq}^t + l_{ij}^h \cdot f_l \cdot x_{ijq}^l + o_l \cdot (x_{ijq}^t + x_{ijq}^l) \right] + \\
&\sum_{n \in N} \sum_{j \in V_{dm}} \sum_{k \in V_{fm}} \left[\frac{c_1 + 2c_2 + c_3}{4} \cdot l_{jk}^f \cdot f_i + o_t \right] \cdot y_{jkn} + \\
&\sum_{n \in N} \sum_{i \in V_{dr}} \sum_{j \in V_{dm}} \sum_{k \in V_{fm}} (d_{ik}^r \cdot l_{ij}^r \cdot f_d + o_t) \cdot \beta_{ijkn} + \\
&\sum_{q \in Q} \sum_{i \in V_{dm} \cup V_{dh}} \sum_{j \in V_{dm} \cup V_{dh}} \left(\frac{t_1^{uh} + 2t_2^{uh} + t_3^{uh}}{4} \cdot x_{ijq}^t + \frac{t_1^{lh} + 2t_2^{lh} + t_3^{lh}}{4} \cdot x_{ijq}^l \right) \cdot s + \\
&\sum_{i \in V_{dr}} \sum_{k \in V_{fm}} \frac{t_1^{lm} + 2t_2^{lm} + t_3^{lm}}{4} \cdot d_{ik}^f \cdot s \quad\quad (5\text{-}63)
\end{aligned}
$$

5.5 算例求解分析

5.5.1 参数取值

1. 运费取值

本问题算例的运费取值以中欧班列运费为参考，中欧班列的运费主要由境内段运费和境外段运费构成。目前中欧班列由班列运营平台根据运价规则并结合本地对外议价达成的优惠对托运人报一口价，全程运费由班列运营平台垫付，然后按一定结算周期向货主（托运人）收取。

国内开行班列的各个城市班列运营平台报价如表 5-3 所示。

表 5-3 各班列运价表①

班列名称	起讫点	运输里程	运输费用/FEU
渝新欧	重庆—德国杜伊斯堡	11000 km	8900 美元
汉新欧	武汉—捷克、波兰	10700 km	12000 美元
蓉欧快铁	成都—波兰罗兹	9965 km	10290 美元
郑欧	郑州—德国汉堡	10245 km	10500 美元
义新欧	义乌—西班牙马德里	13052 km	10000 美元

综上，算例中估算的运输费用为 6000~9000 美元/FEU（综合运费的单位成本约为 0.6~0.8 美元/千米）。

2. 其他参数取值

考虑到不同 DMS 场站间的班列集拼集运情况，运输能力模糊参数按照 $\tilde{e} = (24, 34, 44)$ 取值；根据既有研究[138]，运输时间模糊参数和其他参数取值分别如表 5-4 和表 5-5 所示。

表 5-4 运输时间模糊参数取值

模糊参数	$\widetilde{t^{uh}}$	$\widetilde{t^{lh}}$	$\widetilde{t^{lm}}$
取值区间	(0.1, 0.2, 0.3)	(0.4, 0.5, 0.6)	(0.3, 0.5, 0.7)

表 5-5 其他参数取值

其他参数	f_t	f_l	f_d	f_i	o_l	o_t	s	M
取值	600	200	202.5	490	25	195	312.5	99999

3. 算例选取

根据第四章的算例生成方法，本部分针对一系列算例进行了

---

① 运输里程为概数，运输费用可能因时间变化。

模型计算和参数灵敏度分析，为保证在一定时间内使用 CPLEX 求解，特选取了表 5-6 所示的系列算例。运算环境为 Intel（R）Core（TM）i5-6200U 2.3 GHz 处理器和 8 GB 内存，采用 VS2015 下的 CPLEX 12.8 求解。

表 5-6   算例信息

算例序号	DMS 场站数量/个	FMS 场站数量/个	DHS 场站数量/个	DRS 场站数量/个	每日班列开行数量/列
instance-a_1	2	2	3	3	2
instance-$b_1 \sim b_5$	2	2	5	4	2, 4, 6
instance-$c_1 \sim c_5$	2	2	5	4	3
instance-$d_1 \sim d_5$	2	2	5	4	2

5.5.2 求解结果

1. 结果示例

图 5-9 为算例的洲际公铁多式联运集货系统示意，其中包含 3 类运输网络，分别是洲际铁路运输网络、国内铁路运输网络和国内公路运输网络，3 类运输网络以两个 DMS 场站为衔接节点。结果显示，序号为 1 的 DMS 场站 8：00 和 20：00 的两列班列被使用，序号为 2 的 DMS 场站 20：00 的班列被使用；序号为 1 的 DMS 场站在 20：00 所发送的集装箱由国内铁路运输网络集货而来，其他两列班列则为公铁多式联运混合集货。

2. 班列发车次数灵敏度分析

班列发车次数是衡量 DMS 场站作业能力的重要指标，针对班列发车次数灵敏度分析，本部分选取了 $N=$（2，4，6）进行计算，结果如图 5-10 所示。

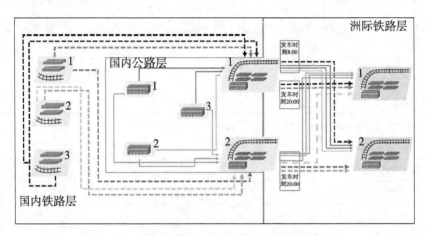

图 5-9　算例的洲际公铁多式联运集货系统示意

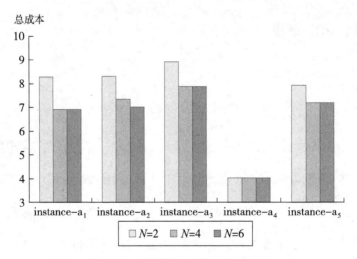

图 5-10　班列发车次数灵敏度分析

表 5-7 显示了在 $N=6$ 基准下，$N=2$ 和 $N=4$ 两种不同情况算例结果的差距，由此可以得到如下结论：

（1）对于大部分算例，当班列发车次数增加时，总成本显著降低，这是因为随着班列发车次数的增加洲际公铁多式联运网络的运输路径和节点选择优化空间更大。

（2）对于部分算例，班列发车次数不影响总成本，这是由于受运输需求和运输网络能力限制，班列发车能力出现冗余情况。

（3）对于大部分算例，当班列发车次数增加到一定值（$N=4$）时，成本降低效果更加显著，此时对 DMS 场站作业能力的要求也相对合理；当班列发车次数增加到较大的数值时，虽然成本还有进一步降低的空间，但对场站作业能力的要求也较高。

因此，通过灵敏度分析，可以为 DMS 场站提供合理的班列发车次数建议，以在运输成本和场站作业能力投入之间取得均衡。

表 5-7　　　N 取不同值时的算例结果差距（以 $N=6$ 为基准）

算例编号	$N=2$	$N=4$
instance-b_1	0.19655202	0.00002745
instance-b_2	0.18600945	0.04723533
instance-b_3	0.13254535	0
instance-b_4	0.00003974	0
instance-b_5	0.10291476	0

3. 服务等级 μ 的灵敏度分析

服务等级 μ 表示班列的发送能力，我们可以根据每列班列发送集装箱的数量来确定服务等级。图 5-11 显示了服务等级 μ 与总成本的关系（服务等级取值为 0.1~1），由图可以得到如下结论：

（1）随着服务等级的提高，即每列班列发送集装箱数量的增加，总成本降低，这是由于较强的班列发送能力能够为洲际公铁多式联运系统提供更大的优化空间，此外，较复杂的集拼集运会增加系统整体成本。

（2）在服务等级的一定区间，总成本不随服务等级的变化而变化，这受不同算例运输需求和联运网络特性的影响，说明在中欧班列集拼集运实践中，在某一区间范围内增加集拼集运不会对系统成本产生过大影响。

（3）目标函数随着服务等级的提高而有不同程度的改善，在不同区间，目标函数改善的程度不同，提高服务等级的主要途径是提高多式联运场站的班列发送能力，包括改善基础设施、应用智能化和自动化设备和提升组织效率等。

根据不同服务等级区间所带来的目标函数的改善程度，可以在场站投入改良与运输成本降低间取得平衡。

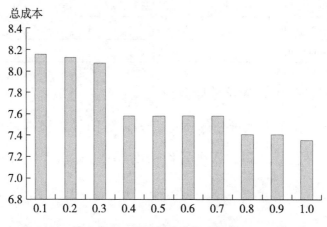

图 5-11　服务等级 μ 的灵敏度分析（算例 instance-c_1）

图 5-12 展示了算例 c_2 至 c_5 的计算结果，当 $\mu \geqslant 0.5$ 时，可以得出与图 5-11 一致的结论，但是当 $\mu < 0.5$ 时，许多算例都没有最优解，这是由于在不同情况下节点之间的距离和运输需求存在差异。这些结果表明，当班列的服务等级低于一定值时，是不能满足所有运输需求的，因此，在本书研究基础上，我们建议洲际班列每列集装箱的数量不能少于 34 个。

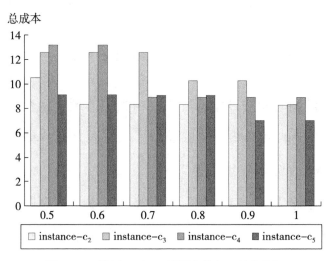

图 5-12　算例 c_2 至 c_5 的服务等级灵敏度分析

4. 客户满意度 λ 的灵敏度分析

在确定其他参数的值后，我们对时间满意度的置信度进行了灵敏度分析，选择了几个计算实例进行计算。图 5-13 显示了客户满意度与总成本的关系，根据前述模糊参数描述，客户满意度主要反映模糊时间参数对洲际公铁多式联运系统的影响（客户满意度取值为 0.1~1），由图可以得到如下结论：

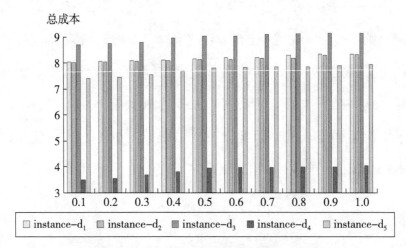

图 5-13　算例 d_1 至 d_5 的客户满意度的灵敏度分析

（1）模糊时间对目标函数的影响主要体现在两个方面，一方面是通过仓储时间影响仓储成本，另一方面是影响集装箱从 DHS 场站到 DMS 场站的集货过程。

（2）仓储成本影响方面，由于洲际运输干线运距较长，所占总成本的比例较高，且国内铁路集货环节对时效性的要求也较低，故仓储成本影响有限，主要影响体现在公铁多式联运转换和班列集货方面。

（3）在从 DHS 场站到 DMS 场站的集货过程中，不同算例的影响程度不同。对于总运输需求量大的算例，由于其集货过程中对公铁多式联运转换的时效性要求较高，客户满意度对目标函数的影响较大；而总运输需求量小的算例，客户满意度对目标函数的影响有限。

第六章

洲际公铁多式联运物流运行
体系研究总结与展望

6.1 洲际公铁多式联运物流运行体系研究总结

本书从大陆桥运输和中欧班列运输发展历程及现实情况出发，总结了一类公铁多式联运路径优化问题，并对多个经典运输问题进行延伸和组合，建立了3类优化模型：洲际公铁多式联运公路牵引车集货优化模型、洲际公铁多式联运选址路径优化模型和不确定条件下洲际公铁多式联运优化模型。本书提出了洲际公铁多式联运模型验证算例的设计方法，设计了针对以上3类模型的算例并进行了求解、分析。针对洲际公铁多式联运选址路径优化模型这一类对目前中欧班列适用性较好的模型，本书进行了实证分析，并进行了大规模案例的混合差分进化算法求解。

1. 洲际公铁多式联运系统分析

本部分从大陆桥运输和中欧班列运输实践出发，分析了实际问题中存在的 3 种货源集结方式——开行城市腹地货源公路集结、开行城市面向全国货源地的公铁多式联运集结和不同开行城市间集拼的公铁多式联运集结，明确界定了公铁联运优化问题。此外，对洲际运输中的公铁多式联运、铁路运输和公路运输组织方式进行了分析，将洲际公铁多式联运系统优化问题分为战略、战术和运营 3 个层面，对运输网络结构优化、枢纽选址优化、网络流优化、枢纽转运优化、运输资源管理和路径实时规划进行了分类分析。本部分还对公铁联运优化问题进行了等价分解，指出该类单向问题可以拓展为双向问题，且单向问题的研究具有重要意义，并给出了双向问题分解的 3 类重要模型。

2. 洲际公铁多式联运公路牵引车集货优化模型设计和求解

本部分设计了洲际公铁多式联运的公路牵引车集货网络，针对该类问题，建立了基础数学模型和分析范式，模型以 VRP 的点弧模型为基础，同时采取牵引车和半挂车的组织模式实现集装箱的公铁多式联运，在模型中对合理的公铁多式联运衔接进行了描述，实现了洲际铁路运输和城际甩挂运输的结合。本部分还设计了洲际公铁多式联运问题的随机算例，对不同规模的随机算例进行了测试，对模型结果的合理性和精确算法的求解能力进行了评估，结果表明，洲际班列开行时刻选择和牵引车路径方案较为合理。

3. 洲际公铁多式联运选址路径优化模型设计和启发式算法求解

本部分设计了洲际公铁多式联运网络，基于上一部分的基础数学模型，以经典 2E-LRP 为范式，建立了双层优化 MILP 模型，该模型以系统的碳排放为目标函数，寻求国内多式联运场站选址、班列发车时刻选择和公路、铁路路径优化方案。针对该模型，本部分设计了混合差分进化算法，该算法以差分进化算法为主体，配合节约算法和邻域搜索算法，形成公路层和铁路层输入和输出衔接的混合差分进化算法结构。与精确算法求解结果相比，混合差分进化算法在计算时间和目标函数结果方面均有较好的表现。本部分还提炼了我国西部地区中欧班列开行中的实际问题并进行了大规模案例的实证分析，求解得到了中欧班列多式联运场站选址和班列开行时间的选择方案，同时得到了国内公路运输和铁路运输的集货方案，为实际问题的解决提供了可供参考的合理化建议。

4. 不确定条件下洲际公铁多式联运优化模型设计和求解

本部分设计了不确定条件下的洲际公铁多式联运网络，以上一部分模型为基础，用三角模糊数来表征不确定运输时间和班列运输能力，建立了不确定条件下的洲际公铁多式联运优化模型，并通过模糊机会约束方法和期望值方法，对约束条件和目标函数进行去模糊化处理，得到了该问题的清晰 MILP 模型，并对模糊参数进行了灵敏度分析。

分析结果表明，当多式联运场站的每日班列发车次数取值在一定区间时，可以获得多式联运系统成本和场站服务能力投入间的平衡。

服务等级可以用来表征场站每列班列的发送能力，也可以用来衡量场站间的集拼集运复杂度。结果表明，在某一区间内增加不同场站的集拼集运，不会对多式联运系统总成本产生过大影响。

客户满意度用来表征模糊时间，模糊时间对目标函数的影响体现在仓储时间和集货时间两个方面，不同类型算例的模糊时间参数影响程度存在一定差异。

6.2　洲际公铁多式联运物流运行体系研究创新点

1. 牵引车和半挂车路径优化问题与双层选址路径优化问题结合建模的创新

本书创新性地将牵引车和半挂车路径优化问题与双层选址路径优化问题相结合，建立了洲际公铁多式联运双层网络优化模型，拓展了学术上双层选址路径优化问题的应用范围。模型综合了甩挂运输在公路运输和公铁多式联运集货环节的集约化和高效率优势，以及牵引车和集装箱半挂车的汽车列车组合与洲际公铁多式联运的衔接优势。

2. 洲际运输方案与区域运输方案组合优化的创新

本书分析了洲际运输方案与区域运输方案组合研究的必要性，

创新性地对洲际运输方案（包含洲际运输路径、洲际枢纽选择和洲际班列开行等）与区域运输方案（围绕洲际枢纽场站的公路节点之间区域运输需求满足）进行了组合优化研究，形成了以洲际运输方案优化为主要目标、以区域运输方案优化为次要目标的复杂的运输网络枢纽选址和路径优化问题。

3. 混合差分进化算法设计和求解的创新

本书创新性地设计了混合差分进化算法，实现了对洲际公铁多式联运选址和路径问题的综合优化求解。在求解洲际公铁多式联运选址路径优化模型时，采用了三阶段结构式算法，用差分进化算法求解公铁多式联运枢纽选址和铁路层分配优化问题，用节约算法和邻域搜索算法求解公路层路径优化问题。此外，本书采用混合差分进化算法对大量算例进行了对比求解和分析，结果表明，混合差分进化算法在求解效率、拓展空间和适用范围方面均有较好的性能。

4. 采用模糊时间和能力约束解决洲际运输不确定优化问题的创新

本书针对运输实践中洲际铁路班列开行城市之间集拼的公铁多式联运优化问题，创新性地采用不确定优化方法进行建模和求解。针对洲际公铁多式联运中的复杂集拼情况，加入模糊时间和模糊能力约束，进行数学建模，以提高运输系统决策的实时性和适应性。针对模糊模型，采用基于模糊可信度和期望值的方法进行模型的去模糊化处理和求解分析。

6.3 洲际公铁多式联运物流运行体系研究展望

本书提出了一类洲际公铁多式联运优化问题并建立了 3 类数学模型，鉴于洲际运输的不确定性和多式联运问题的复杂性，本书主要对该类问题的基础框架等进行了重点研究，未来研究可从以下几个方面继续深入和拓展：

1. 洲际公铁多式联运结合城市配送的复杂优化问题研究

本书所描述的模型，包括洲际铁路运输、国内干线公路运输和国内干线铁路运输三层，未来研究可以将城市配送优化问题与本问题相结合，形成以洲际铁路运输为干线、国内公铁多式联运为支线、城市配送为末端的"干支配"三层运输网络，从而解决当前中欧班列等洲际运输存在的返程货物进口分拨问题，以满足日益增长的国内消费需求。在这类复杂问题中，甩挂运输可以作为支线运输衔接配送环节的主要运输工具，发挥半挂车/全挂车临时配送节点的作用，提升城市配送选址和调度的灵活性。

2. 考虑多站点集拼集运的洲际公铁多式联运优化问题研究

鉴于洲际铁路运输问题存在的集拼集运情况，本书建立了不确定优化模型。在实际问题中，洲际铁路运输存在国内不同区域节点、边境口岸节点、国外节点之间的复杂集拼集运，不但涉及国内外双向货物集结，而且涉及不同节点报关报检和宽准轨衔接等，建立以选址和路径优化为目标的模型时难度较大，按照单向问题转化为双向问题、增加各类国内运输节点、增加各类国外运输节点的思路有序推进，是未来研究的一个主要拓展方向。

3. 洲际公铁海多式联运网络的优化问题研究

近年来，洲际多式联运的实践和研究更多地集中于中欧班列相关问题，但随着以中欧班列为主的洲际公铁多式联运网络基础设施的不断完善、运作模式的不断拓展，以及国际合作的不断深化，传统的大陆桥运输依托于既有的洲际运输网络，也具备了升级和拓展的机遇。大陆桥运输优化问题是一类公铁海多式联运优化问题。在本研究的基础上增加日韩、东盟等国家和地区的主要海运节点，可以形成洲际公铁海复杂多式联运网络，进而通过多式联运方式将陆上丝绸之路和海上丝绸之路衔接起来，形成支撑我国全面对外开放的洲际多式联运网络。

参考文献

［1］汪鸣. 多式联运发展对"一带一路"的影响［J］. 中国远洋海运，2017（12）：46-47+9.

［2］DANTZIG G B, RAMSER J H. The truck dispatching problem［J］. Management Science, 1959, 6（1）：80-91.

［3］DE OLIVEIRA F B, ENAYATIFAR R, Sadaei H J, et al. A cooperative coevolutionary algorithm for the Multi-Depot Vehicle Routing Problem［J］. Expert Systems with Applications, 2016, 43：117-130.

［4］WASSAN N A. Meta-Heuristics for the multiple trip vehicle routing problem with backhauls［D］. Canterbury：University of Kent, 2016.

［5］GOLDEN B, ASSAD A, LEVY L, et al. The fleet size and mix vehicle routing problem［J］. Computers & Operations Research, 1984, 11（1）：49-66.

［6］BAE H, MOON I. Multi-depot vehicle routing problem with

time windows considering delivery and installation vehicles [J]. Applied Mathematical Modelling, 2016, 40 (13/14): 6536-6549.

[7] KALLEHAUGE B, LARSEN J, MADSEN O B G, et al. Vehicle routing problem with time windows [M]. Column generation. Springer US, 2005: 67-98.

[8] AZI N, GENDREAU M, POTVIN J Y. An exact algorithm for a single-vehicle routing problem with time windows and multiple routes [J]. European Journal of Operational Research, 2007, 178 (3): 755-766.

[9] FAVARETTO D, MORETTI E, PELLEGRINI P. Ant colony system for a VRP with multiple time windows and multiple visits [J]. Journal of Interdisciplinary Mathematics, 2007, 10 (2): 263-284.

[10] ERRICO F, DESAULNIERS G, GENDREAU M, et al. The vehicle routing problem with hard time windows and stochastic service times [J]. EURO Journal on Transportation and Logistics, 2016, 7 (3): 223-251.

[11] MIRANDA D M, CONCEIÇÃO O S V. The vehicle routing problem with hard time windows and stochastic travel and service time [J]. Expert Systems with Applications, 2016, 64: 104-116.

[12] HU C, LU J, LIU X, et al. Robust vehicle routing problem with hard time windows under demand and travel time uncertainty [J]. Computers & Operations Research, 2018, 94: 139-153.

［13］IQBAL S, RAHMAN M S. Vehicle routing problems with soft time windows ［C］. International Conference on Electrical & Computer Engineering. IEEE, 2013.

［14］XIA Y, FU Z. Improved tabu search algorithm for the open vehicle routing problem with soft time windows and satisfaction rate ［J］. Cluster Computing, 2018, 1 (2): 1-9.

［15］BRANDSTAETTER C, REIMANN M. Performance analysis of a metaheuristic algorithm for the line-haul feeder vehicle routing problem ［J］. Journal on Vehicle Routing Algorithms, 2018, 1 (2/ 4): 121-138.

［16］CHRISTIAN B. A metaheuristic algorithm and structured analysis for the line-haul feeder vehicle routing problem with time windows ［J］. Central European Journal of Operations Research, 2019 (2): 1-43.

［17］JACOBSEN S K, MADSEN O B G. A comparative study of heuristics for a two-level routing-location problem ［J］. European Journal of Operational Research, 1980, 5 (6): 378-387.

［18］MADSEN O B G. Methods for solving combined two level location-routing problems of realistic dimensions ［J］. European Journal of Operational Research, 1983, 12 (3): 295-301.

［19］LAPORTE G. Location-routing problems ［J］. Study Management Science System, 1988, 16: 163-197.

[20] CAROLINE P, CHRISTIAN P. A survey of recent research on location-routing problems [J]. European Journal of Operational Research, 2014, 238: 1-17.

[21] NAGY G, SALHI S. Location-routing: Issues, models and methods [J]. European Journal of Operational Research, 2007, 177 (2): 649-672.

[22] NGUYEN V P, PRINS C, PRODHON C. A multi-start iterated local search with tabu list and path relinking for the two-echelon location-routing problem [J]. Engineering Applications of Artificial Intelligence, 2012, 25: 56-71.

[23] BOCCIA M, CRAINIC T G, SFORZA A, et al. A metaheuristic for a two- echelon location-routing problem [C]. International Symposium on Experimental Algorithms. Springer, Berlin, Heidelberg, 2010.

[24] CONTARDO C, HEMMELMAYR V, CRAINIC T G. Lower and upper bounds for the two-echelon capacitated location-routing problem [J]. Computers & Operations Research, 2012, 39 (12): 3185-3199.

[25] DALFARD V M, KAVEH M, NOSRATIAN N E. Two meta-heuristic algorithms for two-echelon location-routing problem with vehicle fleet capacity and maximum route length constraints [J]. Neural Computing and Applications, 2013, 23 (7-8): 2341-2349.

［26］NIKBAKHSH E, ZEGORDI S H. A heuristic algorithm and a lower bound for the two-echelon location-routing problem with soft time window constraints ［J］. Scientia Iranica. Transaction E, Industrial Engineering, 2010, 17（1）: 36-47.

［27］GOVINDAN K, JAFARIAN A, KHODAVERDI R, et al. Two-echelon multiple-vehicle location-routing problem with time windows for optimization of sustainable supply chain network of perishable food ［J］. International Journal of Production Economics, 2014, 152: 9-28.

［28］栾峦. 基于双层规划的生鲜农产品冷链配送中心选址及路径优化研究 ［D］. 北京: 北京交通大学, 2019.

［29］GONZALEZ-FELIU J. Two-echelon transportation optimisation: unifying concepts via a systematic review ［J］. Working Papers on Operations Management, 2011, 2（1）: 18-30.

［30］PERBOLI G, TADEI R, VIGO D. The two-echelon capacitated vehicle routing problem: models and math-based heuristics ［J］. Transportation Science, 2009, 45（3）: 364-380.

［31］CRAINIC T G, MANCINI S, PERBOLI G, et al. Impact of generalized travel costs on satellite location in the two-echelon vehicle routing problem ［J］. Procedia-Social and Behavioral Sciences, 2012, 39: 195-204.

［32］CRAINIC T G, PERBOLI G, MANCINI S, et al. Two-echelon vehicle routing problem: a satellite location analysis [J]. Procedia-Social and Behavioral Sciences, 2010, 2 (3): 5944-5955.

[33] JEPSEN M, SPOORENDONK S, ROPKE S. A branch-and-cut algorithm for the symmetric two-echelon capacitated vehicle routing problem [J]. Transportation Science, 2013, 47 (1): 23-37.

[34] PERBOLI G, TADEI R. New families of valid inequality for the two-echelon vehicle routing problem [J]. Electronic Notes in Discrete Mathematics, 2010, 36: 639-646.

[35] BALDACCI R, MINGOZZI A, ROBERTI R, et al. An exact algorithm for the two-echelon capacitated vehicle routing problem [J]. Operations Research, 2013, 61 (2): 298-314.

[36] SOYSAL M, BLOEMHOF - RUWAARD J M, BEKTAŞ T. The time-dependent two-echelon capacitated vehicle routing problem with environmental considerations [J]. International Journal of Production Economics, 2015, 164: 366-378.

[37] 徐世达. 考虑部分联合运输策略下物流车辆调度模型及优化研究 [D]. 沈阳: 沈阳工业大学, 2019.

[38] 周美花. 钢铁企业内部物流运输优化研究 [D]. 长沙: 中南大学, 2008.

[39] 梁波. 大型钢铁企业厂内车辆循环甩挂运输模式研究 [D]. 长沙: 中南大学, 2009.

［40］马易苗．集装箱甩挂运输组织模式研究［D］．成都：西南交通大学，2013.

［41］范宁宁．烟大滚装甩挂运输牵引车调度优化研究［D］．大连：大连海事大学，2012.

［42］温旖旎．甩挂运输的运作模式设计及其车辆调度问题研究［D］．广州：华南理工大学，2012.

［43］张磊磊．LPG 循环甩挂运输调度优化研究［D］．大连：大连海事大学，2013.

［44］LI H Q，LU Y，ZHANG J，et al. Solving the tractor and semi-trailer routing problem based on a heuristic approach［J］. Mathematical Problems in Engineering，2012（7）：1-12.

［45］LI H Q，LI Y R，ZHAO Q H，et al. The tractor and semi-trailer routing considering carbon dioxide emissions［J］. Mathematical Problems in Engineering，2013（16）：1-12.

［46］NEVES-MOREIRA F，AMORIM P，GUIMARÃES L，et al. A long-haul freight transportation problem：Synchronizing resources to deliver requests passing through multiple transshipment locations［J］. European Journal of Operational Research，2016，248（2）：487-506.

［47］谷首更．港口堆场与内陆腹地间的集装箱甩挂运输调度研究［D］．北京：北京交通大学，2017.

［48］杨光敏．基于甩挂运输网络结构与运作模式的牵引车

调度优化［D］. 大连：大连海事大学，2017.

［49］SEMET F, TAILLARD E. Solving real-life vehicle routing problems efficiently using tabu search［J］. Annals of Operations research, 1993, 41（4）：469-488.

［50］GERDESSEN J C. Vehicle routing problem with trailers［J］. European Journal of Operational Research, 1996, 93（1）：135-147.

［51］TAN K C, CHEW Y H, LEE L H. A hybrid multi-objective evolutionary algorithm for solving truck and trailer vehicle routing problems［J］. European Journal of Operational Research, 2006, 172（3）：855-885.

［52］LIN S W, YU V F, CHOU S Y. A note on the truck and trailer routing problem［J］. Expert Systems with Applications, 2010, 37（1）：899-903.

［53］LIN S W, YU V F, LU C C. A simulated annealing heuristic for the truck and trailer routing problem with time windows［J］. Expert Systems with Applications, 2011, 38（12）：15244-15252.

［54］DERIGS U, PULLMANN M, VOGEL U. Truck and trailer routing - problems, heuristics and computational experience［J］. Computers & Operations Research, 2012, 40：536-546.

［55］VILLEGAS J G, PRINS C, PRODHON C, et al. GRASP/ VND and multi-start evolutionary local search for the single truck and trailer routing problem with satellite depots [J]. Engineering Applications of Artificial Intelligence, 2010, 23 (5): 780-794.

[56] DREXL M. Applications of the vehicle routing problem with trailers and transshipments [J]. European Journal of Operational Research, 2012, 227: 275-283.

[57] BODIN L, MINGOZZI A, BALDACCI R, et al. The rollon-rolloff vehicle routing problem [J]. Transportation Science, 2000, 34 (3): 271-288.

[58] BALDACCI R, BODIN L, MINGOZZI A. The multiple disposal facilities and multiple inventory locations rollon-rolloff vehicle routing problem [J]. Computers & Operations Research, 2006, 33 (9): 2667-2702.

[59] WY J, KIM B I, Kim S. The rollon-rolloff waste collection vehicle routing problem with time windows [J]. European Journal of Operational Research, 2012, 224: 466-476.

[60] BALDACCI R, BODIN L, MINGOZZI A. The multiple disposal facilities and multiple inventory locations rollon-rolloff vehicle routing problem [J]. Computers & Operations Research, 2006, 33 (9): 2667-2702.

[61] LI H, CHANG X, ZHAO W, et al. The vehicle flow formulation and savings-based algorithm for the rollon-rolloff vehicle routing problem [J]. European Journal of Operational Research, 2017, 257

（3）：859-869.

［62］LI H, JIAN X, CHANG X, et al. The generalized rollon-rolloffvehicle routing problem and savings - based algorithm ［J］. Transportation Research Part B, 2018, 133：1-23.

［63］STEADIESEIFI M, DELLAERT N P, NUIJTEN W, et al. Multimodal freight transportation planning：A literature review ［J］. European Journal of Operational Research, 2014, 233（1）：1-15.

［64］DUA A, SINHA D. Quality of multimodal freight transportation：A systematic literature review ［J］. World Review of Intermodal Transportation Research, 2019, 8（2）.

［65］孙岩. 基于运输情景的多式联运路径规划优化建模方法研究 ［D］. 北京：北京交通大学, 2017.

［66］ZHANG R, YUN W Y, KOPFER H. Heuristic-based truck scheduling for inland container transportation ［J］. OR Spectrum, 2010, 32（3）：787-808.

［67］ZHANG R, YUN W Y, MOON I K. Modeling and optimization of a container drayage problem with resource constraints ［J］. International Journal of Production Economics, 2011, 133（1）：351-359.

［68］邹高祥, 杨斌, 朱小林. 考虑模糊需求的低碳多式联运运作优化 ［J］. 计算机应用与软件, 2018, 35（10）：94-99.

［69］于雪峤，郎茂祥，王伟哲，等．考虑模糊需求的多式联运路径优化［J］．北京交通大学学报，2018，42（3）：23-29+36.

［70］VERMA M, VERTER V, ZUFFEREY N. A bi-objective model for planning and managing rail-truck intermodal transportation of hazardous materials［J］. Transportation Research Part E Logistics & Transportation Review, 2012, 48（1）：132-149.

［71］SUN Y, LI X, LIANG X, et al. A bi-objective fuzzy credibilistic chance-constrained programming approach for the hazardous materials road-rail multimodal routing problem under uncertainty and sustainability［J］. Sustainability 2019, 11（9）：25-77.

［72］黑秀玲．汽车整车多式联运优化研究［D］．南京：东南大学，2015.

［73］陈雷．低碳运输下公铁两网之间大宗货流转移及流量分配综合优化研究［D］．北京：北京交通大学，2016.

［74］WOLFINGER D, TRICOIRE F, DOERNER K F. A matheuristic for a multimodal long haul routing problem［J］. EURO Journal on Transportation and Logistics, 2018, 8：397-433.

［75］蒋洋．多式联运服务网络优化建模方法研究［D］．北京：北京交通大学，2014.

［76］FAZAYELI S, EYDI A, KAMALABADI IN. Location-routing problem in multimodal transportation network with time windows and fuzzy demands：Presenting a two‐part genetic algorithm ［J］. Computers & Industrial Engineering，2018，119：233‐246.

［77］ MENG Q，WANG X. Intermodal hub‐and‐spoke network design：Incorporating multiple stakeholders and multi‐type containers ［J］. Transportation Research Part B Methodological，2011，45（4）：724‐742.

［78］ LI L，NEGENBORN R R，DE SCHUTTER B. Intermodal freight transport planning—A receding horizon control approach ［J］. Transportation Research Part C：Emerging Technologies，2015，60：77‐95.

［79］ 闫伟. 中欧班列国内段运输组织优化理论与方法 ［D］. 北京：北京交通大学，2019.

［80］ 文思涵. 中欧班列国际物流运输网络优化研究 ［D］. 重庆：重庆工商大学，2019.

［81］ 李泽文. 中欧班列货源组织优化研究 ［D］. 成都：西南交通大学，2018.

［82］ 王迪. 集结中心作用下中欧班列网络化开行方案设计研究 ［D］. 北京：北京交通大学，2017.

［83］ 刘文慧. 基于分级集结的中欧班列开行方案优化方法研究 ［D］. 北京：北京交通大学，2019.

［84］ 谢楚楚. 考虑环境成本的中欧贸易多式联运路径优化研究 ［D］. 成都：西南交通大学，2018.

［85］任刚，刘畅，高智源，等．考虑多周期和混合时间窗的中欧电子产品多式联运路径选择优化［J］．系统工程，2019，37（6）：67-73.

［86］郭晓燕．考虑多种因素的中欧集装箱多式联运路径选择研究［D］．郑州：郑州大学，2017.

［87］BAI R, WOODWARD J R, SUBRAMANIAN N, et al. Optimisation of transportation service network using k-node large neighbourhood search［J］. Computers & Operations Research, 2018, 89：193-205.

［88］JI S F, LUO R J. A hybrid estimation of distribution algorithm for multi-objective multi-sourcing intermodal transportation network design problem considering carbon emissions［J］. Sustainability, 2017, 9（7）：1-24.

［89］ZHU E, CRAINIC T G, GENDREAU M. Scheduled service network design for freight rail transportation［J］. Operations Research, 2014, 62（2）：383-400.

［90］BABABEIK M, NASIRI M M, KHADEMI N, et al. Vulnerability evaluation of freight railway networks using a heuristic routing and scheduling optimization model［J］. Transportation, 2017（3）：1-28.

［91］SAYARSHAD H R, TAVAKKOLI-MOGHADDAM R. Solving a multi periodic stochastic model of the rail-car fleet sizing by two-stage optimization formulation〔J〕. Applied Mathematical Modelling, 2010, 34（5）：1164-1174.

〔92〕卢静玉. 需求不确定的内陆集装箱集疏运网络货流分配优化〔D〕. 大连：大连海事大学, 2017.

〔93〕江志娟. 基于可持续发展的联运枢纽选址—分配模型研究〔D〕. 西安：长安大学, 2017.

〔94〕WILLIAMS K B. Management Models and Industrial Applications of Linear Programming〔J〕. Journal of the Operational Research Society, 1962, 13（3）：274-275.

〔95〕LIU B, IWAMURA K. Chance constrained programming with fuzzy parameters〔J〕. Fuzzy Sets and Systems, 1998, 94（2）：227-237.

〔96〕CAO E, LAI M. A hybrid differential evolution algorithm to vehicle routing problem with fuzzy demands〔J〕. Journal of Computational & Applied Mathematics, 2009, 231（1）：302-310.

〔97〕GAUR D R, MUDGAL A, SINGH R R. Improved approximation algorithms for cumulative VRP with stochastic demands〔J〕. Discrete Applied Mathematics, 2018：176-189.

〔98〕GUTIERREZ A, DIEULLE L, LABADIE N, et al. A Hybrid metaheuristic algorithm for the vehicle routing problem with stochastic demands〔J〕. Computers and Operations Research, 2018, 99：135-147.

［99］ WANG X. Stochastic resource allocation for containerized cargo transportation networks when capacities are uncertain［J］. Transportation Research Part E: Logistics and Transportation Review, 2016, 93: 334-357.

［100］ GHANNADPOUR S F, NOORI S, TAVAKKOLI-MOGH-ADDAM R, et al. A multi-objective dynamic vehicle routing problem with fuzzy time windows: Model, solution and application［J］. Applied Soft Computing, 2014, 14: 504-527.

［101］ 王莉. 动态不确定路径优化模型与算法［D］. 北京: 北京交通大学, 2017.

［102］ 高飞. 不确定因素下配送路径优化问题研究［D］. 北京: 北京交通大学, 2019.

［103］ 赵利英. 不确定环境下危险品道路运输线路优化模型研究［D］. 长春: 吉林大学, 2018.

［104］ SUN Y, ZHANG G, HONG Z, et al. How uncertain information on service capacity influences the intermodal routing decision: A fuzzy programming perspective［J］. Information, 2018, 9 (1): 24.

［105］ SUN Y, HRUŠOVSKÝ M, ZHANG C, et al. A Time-Dependent Fuzzy Programming Approach for the Green Multimodal Routing Problem with Rail Service Capacity Uncertainty and Road Traffic Congestion［J］. Complexity, 2018: 1-22.

［106］ DEMIR E, BURGHOLZER W, HRUŠOVSKÝ M, et al. A

green intermodal service network design problem with travel time uncertainty [J]. Transportation Research Part B: Methodological, 2016, 93: 789-807.

[107] TIAN W, CAO C. A generalized interval fuzzy mixed integer programming model for a multimodal transportation problem under uncertainty. Engineering Optimization [J]. 2016, 49 (3): 481-498.

[108] 李珺，杨斌，朱小林. 混合不确定条件下绿色多式联运路径优化 [J]. 交通运输系统工程与信息, 2019, 19 (4): 13-19, 27.

[109] 王蕊. 不确定条件下轴辐式公铁联运网络设计与优化 [D]. 北京: 北京交通大学, 2019.

[110] EUROSTAT. Illustrated Glossary for Transport Statistics [M]. 4th ed. Luxembourg: Publications office of the European Union, 2010.

[111] CRAINIC T G, KIM K H. Intermodal Transportation [J]. Transportation, 2006, 14: 467-537.

[112] CHRISTOFIDES N, MINGOZZI A, TOTH P. Combinatorial optimization [R]. John Wiley, Chichester, 1979, 315-318.

[113] De Miranda P, Mistage O, Bilotta P, et al. Road-rail intermodal freight transport as a strategy for climate change mitigation. de, Miranda, Pinto, et al. Road-rail intermodal freight transport as a strategy for climate change mitigation [J]. Environmental Devel-

支 撑 国 内 国 际 双 循 环 的 洲 际 公 铁 联 运 物 流 运 行 体 系
ZHICHENG GUONEI GUOJI SHUANGXUNHUAN DE ZHOUJI GONGTIELIANYUN WULIU YUNXING TIXI

国内国际
双 循 环

opment, 2018, 25: 100-110.

[114] UIC. 2018 Report on Combined Transport in Europe [R/OL]. (2019-01-21) [2019-09-26]. https://uic. org/IMG/pdf/2018_report_on_combined_transport_in_europe. pdf.

[115] LI H, LU Y, ZHANG J, et al. Solving the Tractor and Semi-Trailer Routing Problem Based on a Heuristic Approach [J]. Mathematical Problems in Engineering, 2012, 2012 (6): 2301-2314.

[116] LI H, LV T, LI Y. The tractor and semitrailer routing problem with many-to-many demand considering carbon dioxide emissions [J]. Transportation Research Part D: Transport and Environment, 2015, 34: 68-82.

[117] CLARKE G, WRIGHT J V. Scheduling of vehicles from a central depot to a number of delivery points [J]. Operation Research, 1964, 12 (4): 568-581.

[118] YANK S, BOZKAYA B, Jouan de Kervenoael R. A new VR-PPD model and a hybrid heuristic solution approach for e-tailing [J]. European Journal of Operational Research, 2014, 236 (3): 879-890.

[119] GRASAS A, Caceres-Cruz J, Lourenço H R, et al. Vehicle routing in a spanish distribution company: Saving using a savings-based heuristic [J]. Or Insight, 2013, 26 (3): 191-202.

[120] LI H, ZHANG L, LV T, et al. The two-echelon time-constrained vehicle routing problem in linehaul-delivery systems [J].

Transportation Research Part B: Methodological, 2016, 94: 169-188.

［121］ HEMMELMAYR V C, CORDEAU J F, CRAINIC T G. An adaptive large neighborhood search heuristic for two-echelon vehicle routing problems arising in city logistics ［J］. Computers & Operations Research, 2012, 39 （12）: 3215-3228.

［122］ CONTARDO C, HEMMELMAYR V, CRAINIC T G. Lower and upper bounds for the two-echelon capacitated location-routing problem ［J］. Computers & Operations Research, 2012, 39 （12）: 3185-3199.

［123］ GOVINDAN K, JAFARIAN A, KHODAVERDI R, et al. Two-echelon multiple-vehicle location-routing problem with time windows for optimization of sustainable supply chain network of perishable food ［J］. International Journal of Production Economics, 2014, 152: 9-28.

［124］林镇泽. 求解双层车辆路径问题的改进人工蜂群算法［D］. 广州: 华南理工大学, 2014.

［125］ RAHMANI Y, RAMDANE C W, OULAMARA A. The two-echelon multi-products location-routing problem with pickup and delivery: Formulation and heuristic approaches ［J］. International Journal of Production Research, 2016, 54 （4）: 999-1019.

［126］李想, 李苏剑, 李宏. 两级选址-路径问题的大规模邻域搜索模拟退火算法［J］. 工程科学学报, 2017, 39 （6）:

953-961.

[127] LOPES R B, FERREIRA C, SANTOS B S. A simple and effective evolutionary algorithm for the capacitated location – routing problem [J]. Computers & Operations Research, 2016, 70: 155-162.

[128] BALA K, BRCANOV D, GVOZDENOVIĆ N. Two-echelon location routing synchronized with production schedules and time windows [J]. Central European Journal of Operations Research, 2017, 25 (3): 525-543.

[129] SUN Y, LI X. Fuzzy programming approaches for modeling a customer-centred freight routing problem in the road-rail intermodal hub – and – spoke network with fuzzy soft time windows and multiple sources of time uncertainty [J]. Mathematics 2019, 7 (8): 739.

[130] LIU X. Measuring the satisfaction of constraints in fuzzy linear programming [J]. Fuzzy Sets and Systems, 2001, 122 (2): 263-275.

[131] MAHAPATRA G S, MITRA M, ROY T K. Intuitionistic Fuzzy multi-objective Mathematical Programming on Reliability Optimization Model [J]. International Journal of Fuzzy Systems, 2010, 12 (3): 259-266.

[132] CAO E, LAI M. The open vehicle routing problem with fuzzy demands [J]. Expert Systems with Applications, 2010, 37 (3): 2405-2411.

[133] ZHENG Y, LIU B. Fuzzy vehicle routing model with credi-

bility measure and its hybrid intelligent algorithm [J]. Applied Mathematics and Computation, 2006, 176 (2): 673-683.

[134] ZARANDI M H F, HEMMATI A, DAVARI S. The multi-depot capacitated location-routing problem with fuzzy travel times [J]. Expert Systems with Applications, 2011, 38 (8): 10075-10084.

[135] WANG R, YANG K, YANG L, et al. Modeling and optimization of a road-rail intermodal transport system under uncertain information [J]. Engineering Applications of Artificial Intelligence: The International Journal of Intelligent Real-Time Automation, 2018, 72, 423-436.

[136] SUN Y, LIANG X, LI X, et al. A fuzzy programming method for modeling demand uncertainty in the capacitated road-rail multimodal routing problem with time windows [J]. Symmetry, 2019, 11 (1): 91.

[137] PISHVAEE M S, TORABI S A, RAZMI J. Credibility-based fuzzy mathematical programming model for green logistics design under uncertainty [J]. Computers & Industrial Engineering, 2012, 62 (2): 624-632.

[138] SUN Y, LI X. Fuzzy programming approaches for modeling a customer-centred freight routing problem in the road-rail intermodal hub-and-spoke network with fuzzy soft time windows and multiple sources of time uncertainty [J]. Mathematics, 2019, 7 (8): 739.

附录 A

1. 洲际公铁多式联运的公路牵引车集货优化模型算例示例

（1）国际铁路运距矩阵

$$L^f [4] [0] = 5038$$

（2）国内铁路运距矩阵

$$L^r [0] [4] = 1314$$

（3）国内公路运距矩阵

$$L^h [0] [0] = 0 \qquad L^h [0] [1] = 138$$

$$L^h [0] [2] = 137 \qquad L^h [0] [3] = 155$$

$$L^h [0] [4] = 197 \qquad L^h [1] [0] = 138$$

$$L^h [1] [1] = 0 \qquad L^h [1] [2] = 165$$

$$L^h [1] [3] = 185 \qquad L^h [1] [4] = 150$$

$$L^h [2] [0] = 137 \qquad L^h [2] [1] = 165$$

$$L^h [2] [2] = 0 \qquad L^h [2] [3] = 112$$

$$L^h [2] [4] = 153 \qquad L^h [3] [0] = 155$$

$$L^h [3] [1] = 185 \qquad L^h [3] [2] = 112$$

$$L^h [3][3] = 0 \qquad\qquad L^h [3][4] = 100$$

$$L^h [4][0] = 197 \qquad\qquad L^h [4][1] = 150$$

$$L^h [4][2] = 153 \qquad\qquad L^h [4][3] = 100$$

$$L^h [4][4] = 0$$

（4）国内公路运输场站之间的需求矩阵

$$D^h [0][0] = 0 \qquad\qquad D^h [0][1] = 2$$

$$D^h [0][2] = 2 \qquad\qquad D^h [0][3] = 2$$

$$D^h [1][0] = 0 \qquad\qquad D^h [1][1] = 0$$

$$D^h [1][2] = 2 \qquad\qquad D^h [1][3] = 2$$

$$D^h [2][0] = 0 \qquad\qquad D^h [2][1] = 1$$

$$D^h [2][2] = 0 \qquad\qquad D^h [2][3] = 0$$

$$D^h [3][0] = 1 \qquad\qquad D^h [3][1] = 1$$

$$D^h [3][2] = 1 \qquad\qquad D^h [3][3] = 0$$

（5）国内公路运输场站与国外联运场站之间的需求矩阵

$$D^f [0][0] = 10 \qquad\qquad D^f [1][0] = 3$$

$$D^f [2][0] = 6 \qquad\qquad D^f [3][0] = 7$$

（6）由国内联运场站到国外联运场站的发车时刻矩阵

$$t^p [4][0][0] = 16 \qquad\qquad t^p [4][0][1] = 24$$

$$t^p [4][0][2] = 32$$

2. 洲际公铁多式联运的选址路径优化模型算例示例

$$V_{dm} = 2 \quad V_{dh} = 7 \quad V_{fm} = 2 \quad V_{dr} = 2 \quad N = 3$$

（1）国际铁路运距矩阵

$L^f [0][0] = 5038$　　　　　$L^f [0][1] = 12719$

$L^f [1][0] = 8236$　　　　　$L^f [1][1] = 7437$

（2）国内铁路运距矩阵

$L^r [0][0] = 1049$　　　　　$L^r [0][1] = 1189$

$L^r [1][0] = 1960$　　　　　$L^r [1][1] = 662$

（3）国内公路运距矩阵

$L^h [0][0] = 0$　　　　　$L^h [0][1] = 150$

$L^h [0][2] = 112$　　　　　$L^h [0][3] = 153$

$L^h [0][4] = 100$　　　　　$L^h [0][5] = 142$

$L^h [0][6] = 181$　　　　　$L^h [0][7] = 137$

$L^h [0][8] = 121$　　　　　$L^h [1][0] = 150$

$L^h [1][1] = 0$　　　　　$L^h [1][2] = 145$

$L^h [1][3] = 185$　　　　　$L^h [1][4] = 197$

$L^h [1][5] = 180$　　　　　$L^h [1][6] = 176$

$L^h [1][7] = 191$　　　　　$L^h [1][8] = 155$

$L^h [2][0] = 112$　　　　　$L^h [2][1] = 145$

$L^h [2][2] = 0$　　　　　$L^h [2][3] = 106$

$L^h [2][4] = 157$　　　　　$L^h [2][5] = 123$

$L^h [2][6] = 181$　　　　　$L^h [2][7] = 140$

$L^h [2][8] = 125$　　　　　$L^h [3][0] = 153$

$L^h [3][1] = 185$　　　　　$L^h [3][2] = 106$

L^h [3] [3] = 0 L^h [3] [4] = 178

L^h [3] [5] = 146 L^h [3] [6] = 190

L^h [3] [7] = 140 L^h [3] [8] = 187

L^h [4] [0] = 100 L^h [4] [1] = 197

L^h [4] [2] = 157 L^h [4] [3] = 178

L^h [4] [4] = 0 L^h [4] [5] = 107

L^h [4] [6] = 137 L^h [4] [7] = 111

L^h [4] [8] = 117 L^h [5] [0] = 142

L^h [5] [1] = 180 L^h [5] [2] = 123

L^h [5] [3] = 146 L^h [5] [4] = 107

L^h [5] [5] = 0 L^h [5] [6] = 156

L^h [5] [7] = 167 L^h [5] [8] = 133

L^h [6] [0] = 181 L^h [6] [1] = 176

L^h [6] [2] = 181 L^h [6] [3] = 190

L^h [6] [4] = 137 L^h [6] [5] = 156

L^h [6] [6] = 0 L^h [6] [7] = 178

L^h [6] [8] = 123 L^h [7] [0] = 137

L^h [7] [1] = 191 L^h [7] [2] = 140

L^h [7] [3] = 140 L^h [7] [4] = 111

L^h [7] [5] = 167 L^h [7] [6] = 178

L^h [7] [7] = 0 L^h [7] [8] = 187

L^h [8] [0] = 121 L^h [8] [1] = 155

$L^h [8][2] = 125$ $L^h [8][3] = 187$

$L^h [8][4] = 117$ $L^h [8][5] = 133$

$L^h [8][6] = 123$ $L^h [8][7] = 187$

$L^h [8][8] = 0$

（4）国内公路运输场站之间的需求矩阵

$D^h [0][0] = 0$ $D^h [0][1] = 1$

$D^h [0][2] = 1$ $D^h [0][3] = 2$

$D^h [0][4] = 1$ $D^h [0][5] = 0$

$D^h [0][6] = 2$ $D^h [1][0] = 0$

$D^h [1][1] = 0$ $D^h [1][2] = 1$

$D^h [1][3] = 0$ $D^h [1][4] = 2$

$D^h [1][5] = 1$ $D^h [1][6] = 0$

$D^h [2][0] = 2$ $D^h [2][1] = 0$

$D^h [2][2] = 0$ $D^h [2][3] = 0$

$D^h [2][4] = 1$ $D^h [2][5] = 1$

$D^h [2][6] = 0$ $D^h [3][0] = 0$

$D^h [3][1] = 1$ $D^h [3][2] = 1$

$D^h [3][3] = 0$ $D^h [3][4] = 1$

$D^h [3][5] = 1$ $D^h [3][6] = 1$

$D^h [4][0] = 0$ $D^h [4][1] = 1$

$D^h [4][2] = 0$ $D^h [4][3] = 1$

$D^h [4][4] = 0$ $D^h [4][5] = 0$

$D^h [4][6] =2$ $D^h [5][0] =2$

$D^h [5][1] =0$ $D^h [5][2] =2$

$D^h [5][3] =0$ $D^h [5][4] =2$

$D^h [5][5] =0$ $D^h [5][6] =1$

$D^h [6][0] =2$ $D^h [6][1] =2$

$D^h [6][2] =2$ $D^h [6][3] =2$

$D^h [6][4] =2$ $D^h [6][5] =1$

$D^h [6][6] =0$

（5）国内公路运输场站与国外联运场站之间的需求矩阵

$D^f [0][0] =10$ $D^f [0][1] =7$

$D^f [1][0] =9$ $D^f [1][1] =6$

$D^f [2][0] =7$ $D^f [2][1] =9$

$D^f [3][0] =4$ $D^f [3][1] =2$

$D^f [4][0] =1$ $D^f [4][1] =2$

$D^f [5][0] =8$ $D^f [5][1] =3$

$D^f [6][0] =3$ $D^f [6][1] =4$

（6）国内铁路运输场站与国外联运场站之间的需求矩阵

$D^r [0][0] =27$ $D^r [0][1] =24$

$D^r [1][0] =11$ $D^r [1][1] =21$

（7）由国内联运场站到国外联运场站的发车时刻矩阵

$t^p [0][0][0] =16$ $t^p [0][0][1] =24$

$t^p [0][0][2] =32$ $t^p [0][1][0] =16$

$t^p\ [0]\ [1]\ [1]\ = 24$ $t^p\ [0]\ [1]\ [2]\ = 32$

$t^p\ [1]\ [0]\ [0]\ = 16$ $t^p\ [1]\ [0]\ [1]\ = 24$

$t^p\ [1]\ [0]\ [2]\ = 32$ $t^p\ [1]\ [1]\ [0]\ = 16$

$t^p\ [1]\ [1]\ [1]\ = 24$ $t^p\ [1]\ [1]\ [2]\ = 32$

附录 B

1. 国际铁路运距矩阵

$L^f[0][0] = 5038$ $L^f[0][1] = 12719$

$L^f[0][2] = 8236$ $L^f[1][0] = 7437$

$L^f[1][1] = 13855$ $L^f[1][2] = 7796$

$L^f[2][0] = 13365$ $L^f[2][1] = 10282$

$L^f[2][2] = 6449$

2. 国内铁路运距矩阵

$L^l[0][0] = 1791$ $L^l[0][1] = 849$

$L^l[0][2] = 680$ $L^l[1][0] = 1742$

$L^l[1][1] = 881$ $L^l[1][2] = 1523$

$L^l[2][0] = 1110$ $L^l[2][1] = 1139$

$L^l[2][2] = 1667$ $L^l[3][0] = 795$

$L^l[3][1] = 1270$ $L^l[3][2] = 1962$

$L^l[4][0] = 1669$ $L^l[4][1] = 1240$

$L^l[4][2] = 1288$ $L^l[5][0] = 844$

L^r [5] [1] = 1923 　　　L^r [5] [2] = 1461

L^r [6] [0] = 1439 　　　L^r [6] [1] = 1919

L^r [6] [2] = 655 　　　L^r [7] [0] = 1645

L^r [7] [1] = 1190 　　　L^r [7] [2] = 1440

L^r [8] [0] = 974 　　　L^r [8] [1] = 695

L^r [8] [2] = 822 　　　L^r [9] [0] = 1795

L^r [9] [1] = 608 　　　L^r [9] [2] = 1848

3. 国内公路运距矩阵

L^h [0] [0] = 0 　　　L^h [0] [1] = 167

L^h [0] [2] = 133 　　　L^h [0] [3] = 178

L^h [0] [4] = 123 　　　L^h [0] [5] = 187

L^h [0] [6] = 197 　　　L^h [0] [7] = 184

L^h [0] [8] = 112 　　　L^h [0] [9] = 111

L^h [0] [10] = 178 　　　L^h [0] [11] = 166

L^h [0] [12] = 129 　　　L^h [0] [13] = 104

L^h [0] [14] = 179 　　　L^h [0] [15] = 105

L^h [0] [16] = 188 　　　L^h [0] [17] = 149

L^h [0] [18] = 129 　　　L^h [0] [19] = 176

L^h [0] [20] = 131 　　　L^h [0] [21] = 164

L^h [0] [22] = 114

L^h [1] [0] = 167 　　　L^h [1] [1] = 0

L^h [1] [2] = 136 L^h [1] [3] = 128

L^h [1] [4] = 102 L^h [1] [5] = 152

L^h [1] [6] = 104 L^h [1] [7] = 137

L^h [1] [8] = 156 L^h [1] [9] = 198

L^h [1] [10] = 172 L^h [1] [11] = 197

L^h [1] [12] = 113 L^h [1] [13] = 183

L^h [1] [14] = 103 L^h [1] [15] = 160

L^h [1] [16] = 142 L^h [1] [17] = 147

L^h [1] [18] = 175 L^h [1] [19] = 171

L^h [1] [20] = 104 L^h [1] [21] = 173

L^h [1] [22] = 152

L^h [2] [0] = 133 L^h [2] [1] = 136

L^h [2] [2] = 0 L^h [2] [3] = 119

L^h [2] [4] = 104 L^h [2] [5] = 139

L^h [2] [6] = 186 L^h [2] [7] = 104

L^h [2] [8] = 137 L^h [2] [9] = 123

L^h [2] [10] = 135 L^h [2] [11] = 133

L^h [2] [12] = 193 L^h [2] [13] = 120

L^h [2] [14] = 174 L^h [2] [15] = 183

L^h [2] [16] = 161 L^h [2] [17] = 124

L^h [2] [18] = 165 L^h [2] [19] = 169

L^h [2] [20] = 130　　　　L^h [2] [21] = 167

L^h [2] [22] = 136

L^h [3] [0] = 178　　　　L^h [3] [1] = 128

L^h [3] [2] = 119　　　　L^h [3] [3] = 0

L^h [3] [4] = 149　　　　L^h [3] [5] = 136

L^h [3] [6] = 119　　　　L^h [3] [7] = 127

L^h [3] [8] = 100　　　　L^h [3] [9] = 123

L^h [3] [10] = 122　　　　L^h [3] [11] = 174

L^h [3] [12] = 111　　　　L^h [3] [13] = 162

L^h [3] [14] = 165　　　　L^h [3] [15] = 191

L^h [3] [16] = 119　　　　L^h [3] [17] = 147

L^h [3] [18] = 150　　　　L^h [3] [19] = 120

L^h [3] [20] = 134　　　　L^h [3] [21] = 168

L^h [3] [22] = 124

L^h [4] [0] = 123　　　　L^h [4] [1] = 102

L^h [4] [2] = 104　　　　L^h [4] [3] = 149

L^h [4] [4] = 0　　　　L^h [4] [5] = 177

L^h [4] [6] = 146　　　　L^h [4] [7] = 131

L^h [4] [8] = 158　　　　L^h [4] [9] = 172

L^h [4] [10] = 130　　　　L^h [4] [11] = 134

L^h [4] [12] = 181　　　　L^h [4] [13] = 135

L^h [4] [14] $= 167$ $\qquad$ L^h [4] [15] $= 160$

L^h [4] [16] $= 114$ $\qquad$ L^h [4] [17] $= 142$

L^h [4] [18] $= 176$ $\qquad$ L^h [4] [19] $= 127$

L^h [4] [20] $= 123$ $\qquad$ L^h [4] [21] $= 194$

L^h [4] [22] $= 168$

L^h [5] [0] $= 187$ $\qquad$ L^h [5] [1] $= 152$

L^h [5] [2] $= 139$ $\qquad$ L^h [5] [3] $= 136$

L^h [5] [4] $= 177$ $\qquad$ L^h [5] [5] $= 0$

L^h [5] [6] $= 144$ $\qquad$ L^h [5] [7] $= 124$

L^h [5] [8] $= 121$ $\qquad$ L^h [5] [9] $= 107$

L^h [5] [10] $= 196$ $\qquad$ L^h [5] [11] $= 126$

L^h [5] [12] $= 163$ $\qquad$ L^h [5] [13] $= 140$

L^h [5] [14] $= 162$ $\qquad$ L^h [5] [15] $= 147$

L^h [5] [16] $= 180$ $\qquad$ L^h [5] [17] $= 147$

L^h [5] [18] $= 128$ $\qquad$ L^h [5] [19] $= 113$

L^h [5] [20] $= 183$ $\qquad$ L^h [5] [21] $= 159$

L^h [5] [22] $= 143$

L^h [6] [0] $= 197$ $\qquad$ L^h [6] [1] $= 104$

L^h [6] [2] $= 186$ $\qquad$ L^h [6] [3] $= 119$

L^h [6] [4] $= 146$ $\qquad$ L^h [6] [5] $= 144$

L^h [6] [6] $= 0$ $\qquad$ L^h [6] [7] $= 191$

L^h [6] [8] = 194　　　　　L^h [6] [9] = 161

L^h [6] [10] = 133　　　　L^h [6] [11] = 172

L^h [6] [12] = 151　　　　L^h [6] [13] = 154

L^h [6] [14] = 170　　　　L^h [6] [15] = 119

L^h [6] [16] = 174　　　　L^h [6] [17] = 121

L^h [6] [18] = 122　　　　L^h [6] [19] = 110

L^h [6] [20] = 152　　　　L^h [6] [21] = 148

L^h [6] [22] = 156

L^h [7] [0] = 184　　　　　L^h [7] [1] = 137

L^h [7] [2] = 104　　　　　L^h [7] [3] = 127

L^h [7] [4] = 131　　　　　L^h [7] [5] = 124

L^h [7] [6] = 191　　　　　L^h [7] [7] = 0

L^h [7] [8] = 111　　　　　L^h [7] [9] = 175

L^h [7] [10] = 136　　　　L^h [7] [11] = 119

L^h [7] [12] = 188　　　　L^h [7] [13] = 155

L^h [7] [14] = 147　　　　L^h [7] [15] = 140

L^h [7] [16] = 154　　　　L^h [7] [17] = 193

L^h [7] [18] = 155　　　　L^h [7] [19] = 141

L^h [7] [20] = 104　　　　L^h [7] [21] = 167

L^h [7] [22] = 116

L^h [8] [0] = 112 L^h [8] [1] = 156

L^h [8] [2] = 137 L^h [8] [3] = 100

L^h [8] [4] = 158 L^h [8] [5] = 121

L^h [8] [6] = 194 L^h [8] [7] = 111

L^h [8] [8] = 0 L^h [8] [9] = 156

L^h [8] [10] = 101 L^h [8] [11] = 127

L^h [8] [12] = 114 L^h [8] [13] = 151

L^h [8] [14] = 183 L^h [8] [15] = 179

L^h [8] [16] = 174 L^h [8] [17] = 146

L^h [8] [18] = 114 L^h [8] [19] = 199

L^h [8] [20] = 165 L^h [8] [21] = 137

L^h [8] [22] = 160

L^h [9] [0] = 111 L^h [9] [1] = 198

L^h [9] [2] = 123 L^h [9] [3] = 123

L^h [9] [4] = 172 L^h [9] [5] = 107

L^h [9] [6] = 161 L^h [9] [7] = 175

L^h [9] [8] = 156 L^h [9] [9] = 0

L^h [9] [10] = 152 L^h [9] [11] = 175

L^h [9] [12] = 160 L^h [9] [13] = 186

L^h [9] [14] = 150 L^h [9] [15] = 122

L^h [9] [16] = 133 L^h [9] [17] = 155

L^h [9] [18] = 157 　　　　L^h [9] [19] = 168

L^h [9] [20] = 197 　　　　L^h [9] [21] = 175

L^h [9] [22] = 141

L^h [10] [0] = 178 　　　　L^h [10] [1] = 172

L^h [10] [2] = 135 　　　　L^h [10] [3] = 122

L^h [10] [4] = 130 　　　　L^h [10] [5] = 196

L^h [10] [6] = 133 　　　　L^h [10] [7] = 136

L^h [10] [8] = 101 　　　　L^h [10] [9] = 152

L^h [10] [10] = 0 　　　　L^h [10] [11] = 140

L^h [10] [12] = 177 　　　　L^h [10] [13] = 143

L^h [10] [14] = 181 　　　　L^h [10] [15] = 116

L^h [10] [16] = 122 　　　　L^h [10] [17] = 147

L^h [10] [18] = 112 　　　　L^h [10] [19] = 191

L^h [10] [20] = 123 　　　　L^h [10] [21] = 132

L^h [10] [22] = 195

L^h [11] [0] = 166 　　　　L^h [11] [1] = 197

L^h [11] [2] = 133 　　　　L^h [11] [3] = 174

L^h [11] [4] = 134 　　　　L^h [11] [5] = 126

L^h [11] [6] = 172 　　　　L^h [11] [7] = 119

L^h [11] [8] = 127 　　　　L^h [11] [9] = 175

L^h [11] [10] = 140 　　　　L^h [11] [11] = 0

L^h [11] [12] = 165 L^h [11] [13] = 106

L^h [11] [14] = 175 L^h [11] [15] = 179

L^h [11] [16] = 127 L^h [11] [17] = 133

L^h [11] [18] = 153 L^h [11] [19] = 147

L^h [11] [20] = 182 L^h [11] [21] = 162

L^h [11] [22] = 101

L^h [12] [0] = 129 L^h [12] [1] = 113

L^h [12] [2] = 193 L^h [12] [3] = 111

L^h [12] [4] = 181 L^h [12] [5] = 163

L^h [12] [6] = 151 L^h [12] [7] = 188

L^h [12] [8] = 114 L^h [12] [9] = 160

L^h [12] [10] = 177 L^h [12] [11] = 165

L^h [12] [12] = 0 L^h [12] [13] = 144

L^h [12] [14] = 156 L^h [12] [15] = 145

L^h [12] [16] = 191 L^h [12] [17] = 159

L^h [12] [18] = 114 L^h [12] [19] = 113

L^h [12] [20] = 194 L^h [12] [21] = 154

L^h [12] [22] = 165

L^h [13] [0] = 104 L^h [13] [1] = 183

L^h [13] [2] = 120 L^h [13] [3] = 162

L^h [13] [4] = 135 L^h [13] [5] = 140

L^h [13] [6] = 154 $\qquad$ L^h [13] [7] = 155

L^h [13] [8] = 151 $\qquad$ L^h [13] [9] = 186

L^h [13] [10] = 143 $\qquad$ L^h [13] [11] = 106

L^h [13] [12] = 144 $\qquad$ L^h [13] [13] = 0

L^h [13] [14] = 118 $\qquad$ L^h [13] [15] = 177

L^h [13] [16] = 183 $\qquad$ L^h [13] [17] = 188

L^h [13] [18] = 194 $\qquad$ L^h [13] [19] = 108

L^h [13] [20] = 105 $\qquad$ L^h [13] [21] = 176

L^h [13] [22] = 197

L^h [14] [0] = 179 $\qquad$ L^h [14] [1] = 103

L^h [14] [2] = 174 $\qquad$ L^h [14] [3] = 165

L^h [14] [4] = 167 $\qquad$ L^h [14] [5] = 162

L^h [14] [6] = 170 $\qquad$ L^h [14] [7] = 147

L^h [14] [8] = 183 $\qquad$ L^h [14] [9] = 150

L^h [14] [10] = 181 $\qquad$ L^h [14] [11] = 175

L^h [14] [12] = 156 $\qquad$ L^h [14] [13] = 118

L^h [14] [14] = 0 $\qquad$ L^h [14] [15] = 134

L^h [14] [16] = 177 $\qquad$ L^h [14] [17] = 120

L^h [14] [18] = 125 $\qquad$ L^h [14] [19] = 130

L^h [14] [20] = 152 $\qquad$ L^h [14] [21] = 172

L^h [14] [22] = 145

L^h $[15]$ $[0]$ $=105$ L^h $[15]$ $[1]$ $=160$

L^h $[15]$ $[2]$ $=183$ L^h $[15]$ $[3]$ $=191$

L^h $[15]$ $[4]$ $=160$ L^h $[15]$ $[5]$ $=147$

L^h $[15]$ $[6]$ $=119$ L^h $[15]$ $[7]$ $=140$

L^h $[15]$ $[8]$ $=179$ L^h $[15]$ $[9]$ $=122$

L^h $[15]$ $[10]$ $=116$ L^h $[15]$ $[11]$ $=179$

L^h $[15]$ $[12]$ $=145$ L^h $[15]$ $[13]$ $=177$

L^h $[15]$ $[14]$ $=134$ L^h $[15]$ $[15]$ $=0$

L^h $[15]$ $[16]$ $=166$ L^h $[15]$ $[17]$ $=161$

L^h $[15]$ $[18]$ $=157$ L^h $[15]$ $[19]$ $=189$

L^h $[15]$ $[20]$ $=159$ L^h $[15]$ $[21]$ $=110$

L^h $[15]$ $[22]$ $=175$

L^h $[16]$ $[0]$ $=188$ L^h $[16]$ $[1]$ $=142$

L^h $[16]$ $[2]$ $=161$ L^h $[16]$ $[3]$ $=119$

L^h $[16]$ $[4]$ $=114$ L^h $[16]$ $[5]$ $=180$

L^h $[16]$ $[6]$ $=174$ L^h $[16]$ $[7]$ $=154$

L^h $[16]$ $[8]$ $=174$ L^h $[16]$ $[9]$ $=133$

L^h $[16]$ $[10]$ $=122$ L^h $[16]$ $[11]$ $=127$

L^h $[16]$ $[12]$ $=191$ L^h $[16]$ $[13]$ $=183$

L^h $[16]$ $[14]$ $=177$ L^h $[16]$ $[15]$ $=166$

L^h $[16]$ $[16]$ $=0$ L^h $[16]$ $[17]$ $=140$

L^h [16] [18] = 164 L^h [16] [19] = 126

L^h [16] [20] = 193 L^h [16] [21] = 197

L^h [16] [22] = 115

L^h [17] [0] = 149 L^h [17] [1] = 147

L^h [17] [2] = 124 L^h [17] [3] = 147

L^h [17] [4] = 142 L^h [17] [5] = 147

L^h [17] [6] = 121 L^h [17] [7] = 193

L^h [17] [8] = 146 L^h [17] [9] = 155

L^h [17] [10] = 147 L^h [17] [11] = 133

L^h [17] [12] = 159 L^h [17] [13] = 188

L^h [17] [14] = 120 L^h [17] [15] = 161

L^h [17] [16] = 140 L^h [17] [17] = 0

L^h [17] [18] = 189 L^h [17] [19] = 192

L^h [17] [20] = 160 L^h [17] [21] = 181

L^h [17] [22] = 196

L^h [18] [0] = 129 L^h [18] [1] = 175

L^h [18] [2] = 165 L^h [18] [3] = 150

L^h [18] [4] = 176 L^h [18] [5] = 128

L^h [18] [6] = 122 L^h [18] [7] = 155

L^h [18] [8] = 114 L^h [18] [9] = 157

L^h [18] [10] = 112 L^h [18] [11] = 153

L^h [18] [12] = 114 L^h [18] [13] = 194

L^h [18] [14] = 125 L^h [18] [15] = 157

L^h [18] [16] = 164 L^h [18] [17] = 189

L^h [18] [18] = 0 L^h [18] [19] = 111

L^h [18] [20] = 179 L^h [18] [21] = 178

L^h [18] [22] = 154

L^h [19] [0] = 176 L^h [19] [1] = 171

L^h [19] [2] = 169 L^h [19] [3] = 120

L^h [19] [4] = 127 L^h [19] [5] = 113

L^h [19] [6] = 110 L^h [19] [7] = 141

L^h [19] [8] = 199 L^h [19] [9] = 168

L^h [19] [10] = 191 L^h [19] [11] = 147

L^h [19] [12] = 113 L^h [19] [13] = 108

L^h [19] [14] = 130 L^h [19] [15] = 189

L^h [19] [16] = 126 L^h [19] [17] = 192

L^h [19] [18] = 111 L^h [19] [19] = 0

L^h [19] [20] = 158 L^h [19] [21] = 198

L^h [19] [22] = 136

L^h [20] [0] = 131 L^h [20] [1] = 104

L^h [20] [2] = 130 L^h [20] [3] = 134

L^h [20] [4] = 123 L^h [20] [5] = 183

国内国际
双　循　环

支 撑 国 内 国 际 双 循 环 的 洲 际 公 铁 联 运 物 流 运 行 体 系
ZHICHENG GUONEI GUOJI SHUANGXUNHUAN DE ZHOUJI GONGTIELIANYUN WULIU YUNXING TIXI

$L^h [20] [6] = 152$　　　　$L^h [20] [7] = 104$

$L^h [20] [8] = 165$　　　　$L^h [20] [9] = 197$

$L^h [20] [10] = 123$　　　$L^h [20] [11] = 182$

$L^h [20] [12] = 194$　　　$L^h [20] [13] = 105$

$L^h [20] [14] = 152$　　　$L^h [20] [15] = 159$

$L^h [20] [16] = 193$　　　$L^h [20] [17] = 160$

$L^h [20] [18] = 179$　　　$L^h [20] [19] = 158$

$L^h [20] [20] = 0$　　　　$L^h [20] [21] = 203$

$L^h [20] [22] = 208$

$L^h [21] [0] = 164$　　　　$L^h [21] [1] = 173$

$L^h [21] [2] = 167$　　　　$L^h [21] [3] = 168$

$L^h [21] [4] = 194$　　　　$L^h [21] [5] = 159$

$L^h [21] [6] = 148$　　　　$L^h [21] [7] = 167$

$L^h [21] [8] = 137$　　　　$L^h [21] [9] = 175$

$L^h [21] [10] = 132$　　　$L^h [21] [11] = 162$

$L^h [21] [12] = 154$　　　$L^h [21] [13] = 176$

$L^h [21] [14] = 172$　　　$L^h [21] [15] = 110$

$L^h [21] [16] = 197$　　　$L^h [21] [17] = 181$

$L^h [21] [18] = 178$　　　$L^h [21] [19] = 198$

$L^h [21] [20] = 203$　　　$L^h [21] [21] = 0$

$L^h [21] [22] = 293$

L^h [22] [0] = 114 L^h [22] [1] = 152

L^h [22] [2] = 136 L^h [22] [3] = 124

L^h [22] [4] = 168 L^h [22] [5] = 143

L^h [22] [6] = 156 L^h [22] [7] = 116

L^h [22] [8] = 160 L^h [22] [9] = 141

L^h [22] [10] = 195 L^h [22] [11] = 101

L^h [22] [12] = 165 L^h [22] [13] = 197

L^h [22] [14] = 145 L^h [22] [15] = 175

L^h [22] [16] = 115 L^h [22] [17] = 196

L^h [22] [18] = 154 L^h [22] [19] = 136

L^h [22] [20] = 208 L^h [22] [21] = 293

L^h [22] [22] = 0

4. 国内公路运输场站之间的需求矩阵

D^h [0] [0] = 0 D^h [0] [1] = 2

D^h [0] [2] = 2 D^h [0] [3] = 2

D^h [0] [4] = 2 D^h [0] [5] = 0

D^h [0] [6] = 0 D^h [0] [7] = 2

D^h [0] [8] = 2 D^h [0] [9] = 0

D^h [0] [10] = 0 D^h [0] [11] = 0

D^h [0] [12] = 2 D^h [0] [13] = 0

D^h [0] [14] = 0 D^h [0] [15] = 0

D^h [0] [16] = 0 D^h [0] [17] = 2

D^h [0] [18] = 0　　　　D^h [0] [19] = 0

D^h [1] [0] = 1　　　　D^h [1] [1] = 0

D^h [1] [2] = 1　　　　D^h [1] [3] = 2

D^h [1] [4] = 2　　　　D^h [1] [5] = 0

D^h [1] [6] = 1　　　　D^h [1] [7] = 1

D^h [1] [8] = 0　　　　D^h [1] [9] = 0

D^h [1] [10] = 0　　　　D^h [1] [11] = 0

D^h [1] [12] = 1　　　　D^h [1] [13] = 1

D^h [1] [14] = 0　　　　D^h [1] [15] = 0

D^h [1] [16] = 1　　　　D^h [1] [17] = 1

D^h [1] [18] = 0　　　　D^h [1] [19] = 0

D^h [2] [0] = 1　　　　D^h [2] [1] = 2

D^h [2] [2] = 0　　　　D^h [2] [3] = 1

D^h [2] [4] = 2　　　　D^h [2] [5] = 1

D^h [2] [6] = 0　　　　D^h [2] [7] = 2

D^h [2] [8] = 1　　　　D^h [2] [9] = 2

D^h [2] [10] = 0　　　　D^h [2] [11] = 2

D^h [2] [12] = 0　　　　D^h [2] [13] = 1

D^h [2] [14] = 0　　　　D^h [2] [15] = 0

D^h [2] [16] = 2　　　　D^h [2] [17] = 0

D^h [2] [18] = 0　　　　D^h [2] [19] = 1

D^h [3] [0] =2 D^h [3] [1] =1

D^h [3] [2] =2 D^h [3] [3] =0

D^h [3] [4] =1 D^h [3] [5] =0

D^h [3] [6] =2 D^h [3] [7] =2

D^h [3] [8] =2 D^h [3] [9] =2

D^h [3] [10] =1 D^h [3] [11] =0

D^h [3] [12] =1 D^h [3] [13] =0

D^h [3] [14] =2 D^h [3] [15] =1

D^h [3] [16] =1 D^h [3] [17] =2

D^h [3] [18] =2 D^h [3] [19] =2

D^h [4] [0] =2 D^h [4] [1] =1

D^h [4] [2] =1 D^h [4] [3] =2

D^h [4] [4] =0 D^h [4] [5] =1

D^h [4] [6] =0 D^h [4] [7] =1

D^h [4] [8] =2 D^h [4] [9] =1

D^h [4] [10] =0 D^h [4] [11] =0

D^h [4] [12] =0 D^h [4] [13] =0

D^h [4] [14] =0 D^h [4] [15] =0

D^h [4] [16] =0 D^h [4] [17] =0

D^h [4] [18] =0 D^h [4] [19] =0

D^h [5] [0] =2 D^h [5] [1] =1

D^h [5] [2] = 0 D^h [5] [3] = 2

D^h [5] [4] = 1 D^h [5] [5] = 0

D^h [5] [6] = 0 D^h [5] [7] = 0

D^h [5] [8] = 0 D^h [5] [9] = 2

D^h [5] [10] = 0 D^h [5] [11] = 2

D^h [5] [12] = 1 D^h [5] [13] = 1

D^h [5] [14] = 2 D^h [5] [15] = 0

D^h [5] [16] = 0 D^h [5] [17] = 0

D^h [5] [18] = 0 D^h [5] [19] = 1

D^h [6] [0] = 2 D^h [6] [1] = 1

D^h [6] [2] = 0 D^h [6] [3] = 2

D^h [6] [4] = 0 D^h [6] [5] = 1

D^h [6] [6] = 0 D^h [6] [7] = 0

D^h [6] [8] = 2 D^h [6] [9] = 2

D^h [6] [10] = 1 D^h [6] [11] = 0

D^h [6] [12] = 2 D^h [6] [13] = 2

D^h [6] [14] = 2 D^h [6] [15] = 2

D^h [6] [16] = 0 D^h [6] [17] = 2

D^h [6] [18] = 2 D^h [6] [19] = 0

D^h [7] [0] = 0 D^h [7] [1] = 0

D^h [7] [2] = 2 D^h [7] [3] = 0

D^h [7] [4] =0 D^h [7] [5] =1

D^h [7] [6] =2 D^h [7] [7] =0

D^h [7] [8] =1 D^h [7] [9] =0

D^h [7] [10] =0 D^h [7] [11] =2

D^h [7] [12] =0 D^h [7] [13] =1

D^h [7] [14] =2 D^h [7] [15] =0

D^h [7] [16] =2 D^h [7] [17] =0

D^h [7] [18] =0 D^h [7] [19] =0

D^h [8] [0] =0 D^h [8] [1] =1

D^h [8] [2] =2 D^h [8] [3] =1

D^h [8] [4] =2 D^h [8] [5] =0

D^h [8] [6] =0 D^h [8] [7] =2

D^h [8] [8] =0 D^h [8] [9] =1

D^h [8] [10] =1 D^h [8] [11] =1

D^h [8] [12] =2 D^h [8] [13] =2

D^h [8] [14] =0 D^h [8] [15] =1

D^h [8] [16] =1 D^h [8] [17] =2

D^h [8] [18] =2 D^h [8] [19] =2

D^h [9] [0] =1 D^h [9] [1] =1

D^h [9] [2] =2 D^h [9] [3] =0

D^h [9] [4] =0 D^h [9] [5] =0

国内国际
双 循 环

支 撑 国 内 国 际 双 循 环 的 洲 际 公 铁 联 运 物 流 运 行 体 系
ZHICHENG GUONEI GUOJI SHUANGXUNHUAN DE ZHOUJI GONGTIELIANYUN WULIU YUNXING TIXI

D^h [9] [6] $=0$ D^h [9] [7] $=1$

D^h [9] [8] $=2$ D^h [9] [9] $=0$

D^h [9] [10] $=2$ D^h [9] [11] $=2$

D^h [9] [12] $=1$ D^h [9] [13] $=1$

D^h [9] [14] $=1$ D^h [9] [15] $=2$

D^h [9] [16] $=1$ D^h [9] [17] $=1$

D^h [9] [18] $=2$ D^h [9] [19] $=2$

D^h [10] [0] $=2$ D^h [10] [1] $=0$

D^h [10] [2] $=2$ D^h [10] [3] $=0$

D^h [10] [4] $=1$ D^h [10] [5] $=0$

D^h [10] [6] $=0$ D^h [10] [7] $=1$

D^h [10] [8] $=1$ D^h [10] [9] $=0$

D^h [10] [10] $=0$ D^h [10] [11] $=2$

D^h [10] [12] $=0$ D^h [10] [13] $=0$

D^h [10] [14] $=2$ D^h [10] [15] $=2$

D^h [10] [16] $=2$ D^h [10] [17] $=2$

D^h [10] [18] $=2$ D^h [10] [19] $=2$

D^h [11] [0] $=1$ D^h [11] [1] $=1$

D^h [11] [2] $=0$ D^h [11] [3] $=1$

D^h [11] [4] $=0$ D^h [11] [5] $=2$

D^h [11] [6] $=1$ D^h [11] [7] $=2$

D^h [11] [8] $= 1$ D^h [11] [9] $= 1$

D^h [11] [10] $= 0$ D^h [11] [11] $= 0$

D^h [11] [12] $= 1$ D^h [11] [13] $= 2$

D^h [11] [14] $= 2$ D^h [11] [15] $= 0$

D^h [11] [16] $= 0$ D^h [11] [17] $= 2$

D^h [11] [18] $= 2$ D^h [11] [19] $= 0$

D^h [12] [0] $= 1$ D^h [12] [1] $= 0$

D^h [12] [2] $= 2$ D^h [12] [3] $= 2$

D^h [12] [4] $= 2$ D^h [12] [5] $= 1$

D^h [12] [6] $= 2$ D^h [12] [7] $= 2$

D^h [12] [8] $= 1$ D^h [12] [9] $= 0$

D^h [12] [10] $= 2$ D^h [12] [11] $= 1$

D^h [12] [12] $= 0$ D^h [12] [13] $= 2$

D^h [12] [14] $= 0$ D^h [12] [15] $= 0$

D^h [12] [16] $= 2$ D^h [12] [17] $= 0$

D^h [12] [18] $= 1$ D^h [12] [19] $= 2$

D^h [13] [0] $= 2$ D^h [13] [1] $= 1$

D^h [13] [2] $= 1$ D^h [13] [3] $= 0$

D^h [13] [4] $= 0$ D^h [13] [5] $= 0$

D^h [13] [6] $= 0$ D^h [13] [7] $= 1$

D^h [13] [8] $= 0$ D^h [13] [9] $= 2$

D^h [13] [10] = 0 D^h [13] [11] = 2

D^h [13] [12] = 1 D^h [13] [13] = 0

D^h [13] [14] = 0 D^h [13] [15] = 2

D^h [13] [16] = 1 D^h [13] [17] = 1

D^h [13] [18] = 1 D^h [13] [19] = 1

D^h [14] [0] = 0 D^h [14] [1] = 2

D^h [14] [2] = 2 D^h [14] [3] = 0

D^h [14] [4] = 0 D^h [14] [5] = 0

D^h [14] [6] = 1 D^h [14] [7] = 1

D^h [14] [8] = 0 D^h [14] [9] = 2

D^h [14] [10] = 1 D^h [14] [11] = 0

D^h [14] [12] = 1 D^h [14] [13] = 1

D^h [14] [14] = 0 D^h [14] [15] = 0

D^h [14] [16] = 0 D^h [14] [17] = 1

D^h [14] [18] = 2 D^h [14] [19] = 2

D^h [15] [0] = 1 D^h [15] [1] = 0

D^h [15] [2] = 0 D^h [15] [3] = 0

D^h [15] [4] = 0 D^h [15] [5] = 0

D^h [15] [6] = 0 D^h [15] [7] = 2

D^h [15] [8] = 2 D^h [15] [9] = 1

D^h [15] [10] = 2 D^h [15] [11] = 0

D^h [15] [12] $=0$ D^h [15] [13] $=1$

D^h [15] [14] $=2$ D^h [15] [15] $=0$

D^h [15] [16] $=2$ D^h [15] [17] $=2$

D^h [15] [18] $=0$ D^h [15] [19] $=1$

D^h [16] [0] $=1$ D^h [16] [1] $=2$

D^h [16] [2] $=0$ D^h [16] [3] $=2$

D^h [16] [4] $=0$ D^h [16] [5] $=0$

D^h [16] [6] $=0$ D^h [16] [7] $=0$

D^h [16] [8] $=0$ D^h [16] [9] $=0$

D^h [16] [10] $=1$ D^h [16] [11] $=0$

D^h [16] [12] $=2$ D^h [16] [13] $=1$

D^h [16] [14] $=1$ D^h [16] [15] $=1$

D^h [16] [16] $=0$ D^h [16] [17] $=2$

D^h [16] [18] $=0$ D^h [16] [19] $=1$

D^h [17] [0] $=0$ D^h [17] [1] $=1$

D^h [17] [2] $=0$ D^h [17] [3] $=2$

D^h [17] [4] $=2$ D^h [17] [5] $=1$

D^h [17] [6] $=1$ D^h [17] [7] $=2$

D^h [17] [8] $=2$ D^h [17] [9] $=1$

D^h [17] [10] $=1$ D^h [17] [11] $=0$

D^h [17] [12] $=1$ D^h [17] [13] $=2$

$D^h [17] [14] = 2$ $D^h [17] [15] = 2$

$D^h [17] [16] = 2$ $D^h [17] [17] = 0$

$D^h [17] [18] = 1$ $D^h [17] [19] = 2$

$D^h [18] [0] = 1$ $D^h [18] [1] = 0$

$D^h [18] [2] = 0$ $D^h [18] [3] = 0$

$D^h [18] [4] = 1$ $D^h [18] [5] = 2$

$D^h [18] [6] = 1$ $D^h [18] [7] = 2$

$D^h [18] [8] = 1$ $D^h [18] [9] = 2$

$D^h [18] [10] = 0$ $D^h [18] [11] = 1$

$D^h [18] [12] = 0$ $D^h [18] [13] = 1$

$D^h [18] [14] = 0$ $D^h [18] [15] = 2$

$D^h [18] [16] = 0$ $D^h [18] [17] = 0$

$D^h [18] [18] = 0$ $D^h [18] [19] = 1$

$D^h [19] [0] = 1$ $D^h [19] [1] = 2$

$D^h [19] [2] = 0$ $D^h [19] [3] = 2$

$D^h [19] [4] = 0$ $D^h [19] [5] = 1$

$D^h [19] [6] = 0$ $D^h [19] [7] = 1$

$D^h [19] [8] = 1$ $D^h [19] [9] = 2$

$D^h [19] [10] = 1$ $D^h [19] [11] = 1$

$D^h [19] [12] = 2$ $D^h [19] [13] = 1$

$D^h [19] [14] = 2$ $D^h [19] [15] = 2$

D^h ［19］［16］ ＝2 D^h ［19］［17］ ＝1

D^h ［19］［18］ ＝0 D^h ［19］［19］ ＝0

5. 国内公路运输场站与国外多式联运场站之间的需求矩阵

D^f ［0］［0］ ＝6 D^f ［0］［1］ ＝0 D^f ［0］［2］ ＝9

D^f ［1］［0］ ＝0 D^f ［1］［1］ ＝7 D^f ［1］［2］ ＝9

D^f ［2］［0］ ＝2 D^f ［2］［1］ ＝4 D^f ［2］［2］ ＝7

D^f ［3］［0］ ＝5 D^f ［3］［1］ ＝10 D^f ［3］［2］ ＝6

D^f ［4］［0］ ＝5 D^f ［4］［1］ ＝2 D^f ［4］［2］ ＝3

D^f ［5］［0］ ＝9 D^f ［5］［1］ ＝3 D^f ［5］［2］ ＝3

D^f ［6］［0］ ＝5 D^f ［6］［1］ ＝1 D^f ［6］［2］ ＝10

D^f ［7］［0］ ＝6 D^f ［7］［1］ ＝5 D^f ［7］［2］ ＝1

D^f ［8］［0］ ＝7 D^f ［8］［1］ ＝0 D^f ［8］［2］ ＝7

D^f ［9］［0］ ＝10 D^f ［9］［1］ ＝10 D^f ［9］［2］ ＝1

D^f ［10］［0］ ＝1 D^f ［10］［1］ ＝10 D^f ［10］［2］ ＝3

D^f ［11］［0］ ＝9 D^f ［11］［1］ ＝1 D^f ［11］［2］ ＝6

D^f ［12］［0］ ＝9 D^f ［12］［1］ ＝10 D^f ［12］［2］ ＝7

D^f ［13］［0］ ＝6 D^f ［13］［1］ ＝9 D^f ［13］［2］ ＝4

D^f ［14］［0］ ＝9 D^f ［14］［1］ ＝4 D^f ［14］［2］ ＝5

D^f ［15］［0］ ＝6 D^f ［15］［1］ ＝0 D^f ［15］［2］ ＝10

D^f ［16］［0］ ＝5 D^f ［16］［1］ ＝8 D^f ［16］［2］ ＝2

D^f ［17］［0］ ＝7 D^f ［17］［1］ ＝10 D^f ［17］［2］ ＝9

D^f ［18］［0］ ＝6 D^f ［18］［1］ ＝6 D^f ［18］［2］ ＝2

$$D^f[19][0]=10 \qquad D^f[19][1]=4 \qquad D^f[19][2]=0$$

6. 国内铁路运输场站与国外多式联运场站之间的需求矩阵

$$D^r[0][0]=28 \qquad D^r[0][1]=17 \qquad D^r[0][2]=17$$

$$D^r[1][0]=19 \qquad D^r[1][1]=25 \qquad D^r[1][2]=28$$

$$D^r[2][0]=29 \qquad D^r[2][1]=23 \qquad D^r[2][2]=13$$

$$D^r[3][0]=14 \qquad D^r[3][1]=12 \qquad D^r[3][2]=13$$

$$D^r[4][0]=24 \qquad D^r[4][1]=16 \qquad D^r[4][2]=30$$

$$D^r[5][0]=19 \qquad D^r[5][1]=24 \qquad D^r[5][2]=14$$

$$D^r[6][0]=18 \qquad D^r[6][1]=10 \qquad D^r[6][2]=30$$

$$D^r[7][0]=27 \qquad D^r[7][1]=20 \qquad D^r[7][2]=22$$

$$D^r[8][0]=25 \qquad D^r[8][1]=14 \qquad D^r[8][2]=16$$

$$D^r[9][0]=26 \qquad D^r[9][1]=12 \qquad D^r[9][2]=30$$

中国物流专家专著系列

1. 《北京奥运物流系统规划》 张文杰 2007年02月
2. 《传统物流与现代物流》 宋耀华 2007年04月
3. 《中国物流（第2版）》 丁俊发 2007年05月
4. 《企业物流信息系统整合与应用》 于宝琴 等 2007年06月
5. 《供应链风险预警机制》 刘永胜 2007年07月
6. 《现代物流与经济发展——理论、
   方法与实证分析》 刘 南 等 2007年08月
7. 《集群式供应链库存优化与应用》 黎继子 等 2007年09月
8. 《区域物流系统建模与实务》 张 潜 2007年09月
9. 《物流与供应链中的三大问题研究》 黄祖庆 2007年10月
10. 《中国铁路现代物流发展战略》 张 诚 2007年10月
11. 《集群式供应链理论与实务》 黎继子 等 2008年11月
12. 《企业间关系形态研究》 于唤洲 2009年05月
13. 《玻璃包装回收物流系统》 杨晓艳 2009年05月
14. 《物流成本管理理论及其应用》 黄由衡 2009年08月
15. 《供应链风险管理》 刘浩华 2009年09月
16. 《回收产品再生物流理论模型及协商机制》 周三元 2009年09月
17. 《服务供应链管理》 刘伟华 等 2009年10月
18. 《农产品物流框架体系构建》 李学工 2009年10月
19. 《国际物流与制度因素》 王国文 2010年05月
20. 《物流的内涵和物流战略管理实践》 靳 伟 2010年05月
21. 《铁路现代物流中心综合发展规划理论与应用》 韩伯领 等 2010年12月
22. 《区域物流协调发展》 张中强 2011年03月
23. 《现代物流服务体系研究》 贺登才 等 2011年04月